司马相如西南行

王军 著

成都时代出版社
CHENGDU TIMES PRESS

长卿本豪杰，

礼法安可处。

············

凛然千载下，

英气犹可睹。

儿曹尔何知，

杯酒那可污。

——宋·邵博

目录

汉兴七十有八载 · 成都

"海客谈瀛洲，烟涛微茫信难求。"（李白《梦游天姥吟留别》）两千多年前司马相如奉诏出使西南的情形，确如烟波浩渺，踪迹难寻。

幸赖中国一万年文化史、五千多年文明史薪火相传、绵延不绝。文字的创制是人类步入文明社会的重要标志之一。古埃及象形文字、两河流域楔形文字、古印度印章文字早在公元三四世纪以前就逐渐消失了。只有记录中国文化、文明、文学的中国文字，一脉相承，没有断层，这在古代世界文明中独一无二。

"越人语天姥，云霞明灭或可睹。"（《梦游天姥吟留别》）两千多年前司马相如的著述、司马迁的《史记》就像满地桂枝，已够喜鹊衔来，搭建起司马相如西南行的桥梁。

司马相如出使西南的这一年，应该是汉武帝元光六年（前129年）。

"汉兴七十有八载"，这是司马相如在《难蜀父老》中的第一句话。"汉兴"之年，是公元前206年。司马迁的《史记》和司马光的《资治通鉴》，都以这一年作为太祖高皇帝元年。由此推算，汉朝建立的第78年，正是公元前129年。

"汉兴七十有八载"，给了我们一个确定不移的时间坐标。

公元前129年，从时代的大背景来说，正是"德茂存乎六世"（司马相如《难蜀父老》）之时。此时，汉朝仁德隆盛，经过高祖、惠帝、高后、文帝、景帝、武帝六朝，国势盛大，皇恩深远流长，泽被国内万民，方外也得到余恩。

这一年，是司马相如生命中的一个重要节点。根据姜亮夫二十世纪三十年代的考证，司马相如生于汉文帝元年（前179年）。虽然司马相如生年有多种版本，但是这个说法仍有着不可推翻的理由，通行至今。司马迁在《史记·司马相如列传》中记载，"故其亲名之曰犬子"，也就是父母给司马相如取名"犬子"。公元前179年是农历壬戌年，生肖属狗。从民俗这个角度看，狗年出生的孩子名曰"犬子"，未尝不是一种命名方法。如此推算，司马相如出使西南时是50岁，正是知天命之时。

这一年，司马相如持天子所颁符节，以中郎将身份奉诏西征，正如他在《难蜀父老》中所说："于是乃命使西征。"《史记·司马相如列传》也记载："乃拜相如为中郎将，建节往使。"司马相如的人生将会铭刻这样一段西征功绩：一路撤销旧时的关隘，疏通灵山的道路，在孙水源头架起桥梁，把汉王朝疆域向西扩展到沫水、若水一带，向南以牂牁为边界，使得冉夷臣服，駹夷顺从，平定了筰，保全了邛，占领了斯榆，攻取了苞满，这些政权纷纷内附。这是司马相如的高光时刻，是他一生中在政治上达到的最高峰。

这一年，经过两千余里的跋涉，司马相如到达西南行第一个目的地——蜀郡治所成都。当时空车日行七十里，重车日行五十里。自然，"蜀道之难，难于上青天"，不可用简单的数字来计算路上时日。

到了成都，蜀郡太守以下的官吏到郊外迎接，县令背着弓弩走在前面，亲自为司马相如引路。四人手持弓箭前行，让行者止，让坐者起，违者射之。这是司马迁为我们描绘的地方政府给予司马相如的高规格接待情形。

此时的蜀郡太守，正是首开湔江、创立官办学校的"化蜀"文翁。早在公元前316年，秦灭蜀后置蜀郡。汉承秦制，仍设置蜀郡，管辖15个县，治所在成都。作为一郡之长，郡守的职权颇重，管理全郡的行政事务。

在2020年发布的第二批四川历史名人中，文翁和司马相如位居前两位。关于他俩的官职，中郎将品秩比二千石，略低于郡太守的两千石。

根据汉代车舆制度，六百石及以上官员乘坐轩车，比二千石、二千石及以上官员乘坐安车。轩车以上都有用于隔离遮挡的车帘，安车上还有尊贵者方可使用的红色旗幡。司马相如乘坐的正是四匹马拉的安车。蜀郡百姓都以同乡司马相如受到的尊崇为荣。

830年后，在蜀地江油长大、屡屡以司马相如自比的李白，对此称羡备至、一咏三叹："何当赤车使，再往召相如"（《赠崔侍郎》）；"汉家天子驰驷马，赤车蜀道迎相如"（《赠从弟南平太守之遥二首》）；"相如去蜀谒武帝，赤车驷马生辉光"（《白头吟》）。

《华阳国志》记载："城北十里有升仙桥，有送客观。司马相如初入长安，题其门曰'不乘赤车驷马，不过汝下也'。"赤车驷马，即后人常说的"高车驷马""驷马高车"。

司马相如将自己的豪情壮志题于其上，既表现出自己从政的抱负与衣锦还乡的理想，更表现出内心的豪迈气势。

这次司马相如乘坐"四乘之传"回到成都，实现了青少年时期的鸿鹄之志。

第一章

青少年时期的抱负

1.少时好读书学击剑

当司马相如乘坐赤车驷马过城北桥门时，脑海中或许会浮现出这样的画面：

旭日在朝霞中升起，远处的雪山隐约可见，山峰在日照下变成金色。阳光洒满了庭院，一年长者和一少年正在挥剑相击，疾逾闪电，火星四溅。他们所用的扁颈长剑，仍是秦朝剑的风格。

剑，素有"百兵之君"的美称。先秦时期，巴郡的西南夷曾用掷剑之术推选部落首领。秦统一六国后，收缴天下青铜兵器铸成了十二尊铜人，不允许民间私藏、私造和使用兵器。西汉时期，青铜剑减少，钢铁剑增多。

练习完斩刺，长者将手中剑交付少年，站立一边，看少年将双剑抛掷于空中，两手不断抛接轮换。剑在空中翻腾迭越，状如流星，旋若规尺，这在当时被称为"跳剑"。

少年稳稳地接住剑把，倏忽，一柄长剑脱手，刺中庭院东南一株梨树，顷刻间梨花飘飞满地。长者微微颔首，须发飘飘。

这是小司马相如的日常功课，晨起随父亲练习击剑，上午忙农耕，下午读经典。

司马迁在《史记·司马相如列传》中记载，司马相如"少时好读书，学击剑"。在文翁化蜀之前，蜀中一般情形是文化比较落后，所以司马相如的教育只能是来自家中或蜀地有特殊身份的老师。从司马相如早年惯于引用五经和《山海经》《庄子》《楚辞》等古籍，可以见出他极熟悉经典作品，也可以推测他在蜀地一定受到了严格而又系统的教育，以至于后来"游宦京师诸侯，以文辞显于世"（班固《汉书·地理志》）。司马相如幼时师从的对象，当具有渊博知识和深厚学养，其水平与京师或齐鲁地区最好的学者相比也丝毫不逊色。

司马迁为司马相如作的列传，可信度极高。这倒不仅仅因为他们是同时代的人。司马相如去世的这一年，司马迁恰好随父亲司马谈来到京城长安。司马谈担任太史令，负责编写史书。也不仅仅是因为司马迁后来完整地重走了司马相如出使西南夷的路线，得到了许多关于司马相如的史实。更重要的原因是，司马迁所作的《史记·司马相如列传》，大多史料即取材于司马相如的自传，即自叙、自序。

司马相如可以说是中国文人里面最早写自传的人。自传这种文体，发源于屈原自传体诗歌《离骚》，而创始于司马相如。

司马相如的自传没有流传下来，非常可惜。幸运的是，中国文学史上传记文学成就最高的司马迁，见过司马相如的自传，保留下大量真实可信的史料。

但关于司马相如的家世，司马迁着墨不多。在"少时好读书，学击剑"前，司马迁说："司马相如者，蜀郡成都人也，字长卿。"成都究竟是司马相如的出生地还是青少年时期的生活地，司马迁语焉不详。"司马相如故里在今四川省南充市蓬安县，成都是司马相如的落籍之地"，这个观念在一定程度上为当前学界所接受。这个说法主要基于梁武帝设置相如县，且相如县存在近900年之久这个事实。之所以设置相如县，则是由于建安时期以来，文章辞赋成为"经国之大业，不朽之盛事"，文学地位不断提高，南北朝时期文化正统之争激烈。

司马相如和相如县的关系仍待深入研究。不过，司马氏家族的源流，我们可以通过司马迁的自传，即《太史公自序》追溯。

根据《太史公自序》，司马迁和司马相如的祖先，从黄帝的孙子颛顼的时代，一直到后来的唐虞、夏、商，世世代代掌控着天地四时之言。直到周宣王时，其官职才转为负责编写周代历史。

后来因为动荡，司马氏到了晋国，又逢上"晋中军随会奔秦"，司马迁本族一支又迁到少梁①。司马氏到晋后，就开始分散到各地，有些去了卫国，有些去了赵国。在卫国的，做了中山国的相。后来中山国被赵国所灭，卫国的那一支也并入赵国。在赵国的司马氏家族，以传授剑术出名。

司马相如祖上应该就是赵国这一支。正是靠着精湛的剑术，司马相如后来得以通过严格选拔，成为汉景帝的武骑常侍。武骑常侍是纯正的武官，是天子的贴身侍卫，没有一定的武学积累，是不会担任此官职的。

司马相如曾作《荆轲赞》，是最早撰文称赞荆轲的人。荆轲刺秦的匕首即由战国时期赵国铸剑名家徐夫人所铸。司马相如还作过《哀二世

---

① 少梁在今陕西韩城，秦穆公灭梁国后属秦国。

赋》，或许同样寄托着家国感慨在内。

蜀地由于与外界阻隔，便成为秦法规定的流放地之一。秦灭蜀后第三年，向蜀地移民一万家，同时，把犯了罪的贵族连同其家属、门客一起迁到蜀地，如吕不韦及其门客。秦灭六国以后，又把六国子民大量迁到蜀地。

司马家族迁往蜀地的时间，大概就是秦灭赵国之时，迁蜀后族人仍保有渊博的学识和精湛的剑术。司马相如父母的姓名和事迹没有流传下来，或许因为他们是亡国的贵族或流放的罪犯。司马迁与司马相如或为尊者讳，没有记载下来。

《史记》在记载司马相如小时候"学击剑"后，紧接着说"故其亲名之曰犬子"，古人为这句话作注，多是说司马相如的父母喜爱孩子，所以取这个名字。司马迁特意加了一个"故"字，除了因前文推测的其生肖属狗，应该还有深意。《国语》说，越王勾践下令："生丈夫，二壶酒，一犬。"也就是生了男孩子的家庭，国家赏赐两壶酒和一只狗。因为男子上阵打仗，狗对主人忠诚，以此来激励国人灭吴雪耻。司马相如的先世本是赵国贵族，从这个角度看，司马相如的父母特意给孩子取名"犬子"，也许寄托着对故国的忠诚与怀念。

2.慕蔺相如之为人

《史记·司马相如列传》接着说："相如既学，慕蔺相如之为人，更名相如。"颜师古为《汉书·司马相如列传》作注："蔺相如，六国时赵人也，义而有勇，故追慕之。"这就是说，司马相如因追慕战国赵人蔺相如，而把本名"司马犬子"改为"司马相如"。

《史记·廉颇蔺相如列传》的精彩之笔，就是"完璧归赵""渑池之会"和"负荆请罪"。

秦王听说赵王得到和氏璧，就派人送信，表示愿意用十五座城池交换和氏璧。赵王苦于找不到一个能到秦国去回复的使者，最终派遣蔺相如西行入秦。

秦王得到宝玉后丝毫没有给赵国城池的意思。蔺相如以极高的智慧和巨大的勇气把和氏璧完整带回赵国。赵王认为蔺相如出使大国不辱使命，于是封他为上大夫。

后来在渑池会上，秦王令赵王弹瑟，蔺相如则逼秦王击缶，维护了赵国的尊严。

由于功高，蔺相如被封为上卿，官位在大将军廉颇之上。廉颇生气找事，蔺相如退让化解，廉颇最终负荆请罪，二人将相和好，成为刎颈之交。

蔺相如在政治与外交方面显示出极大的才能，甚至不惜用自己的生命来换取国家利益。一心为国、智慧谦虚，正是司马相如尊崇的优良品质。所以到后来自己出使绝域，也不顾自己的身家性命；取得巨大功绩之后，也不愿卷入朝廷内部争斗，而是以委屈自己来换取国家的安定。

蔺相如被封为上卿，居众卿之长。司马相如不仅改名"相如"，还取字"长卿"，这是他追慕蔺相如的另一佐证。司马相如渴望像赵人蔺相如那样建功立业、名垂青史，这也可以看出他的祖上或许正是赵国司马氏这一支。

随同司马相如出行的几位副使均非等闲之辈。壶充国后来担任大鸿胪（大行令）职务，位列九卿，负责诸侯与内附的少数民族朝吊时的接待、贺礼等事宜。王然于、吕越人等对后来设立益州郡有大功。

司马相如这次出使西夷，还有军队作为后盾。

汉王朝给他的政策是"皆如南夷"。当初唐蒙通南夷道时，曾"发巴蜀士民各五百人，以奉币帛"（司马相如《喻巴蜀檄》）。所以司马相如随行队伍也有千人之多，并且带着巴蜀两郡提供的钱财货物与西夷君长进行交涉。

司马相如从成都出发，继续向西南行。在他的面前将要展现这样一幅宏大的景象：

从成都到邛都（今四川西昌），再渡黑水（泸水），最后到苞满（今云南西部及西南部），单程约四千里，往返真可谓"八千里路云和月"。沿途要过海拔三千米以上的高山，要涉深不见底的险滩，还要经常从主干线斜出，去安抚居住于高山之上、湍流之滨的部落族群。

司马相如出色地完成使命，在邛都、筰都一带设立了十多个县，为促进西南地区的经济文化社会发展和各民族交往交流交融做出重大贡献。

正如一介侍从张骞打通了西域，一介书生司马相如打通了"南域"。能够承担出使异域之责的使者，需要多种才能，更需要有超人的毅力，绝非易得之才。

这样巨大的成绩，正是孔子所谓的"行己有耻，使于四方，不辱君命，可谓士矣"（《论语·子路》），也如曹操所说"夫遣人使于四方，古人所慎择也。故仲尼曰'使乎使乎'，言其难也"（《选举令》）。

司马相如不负少年改名寄寓的抱负与追求，取得了"略定西夷"的巨大功绩，与同时期张骞"凿空"西域交相辉映。

这样的功绩，正与蔺相如出使秦国完璧归赵类似。司马迁在《史记》中，把《司马相如列传》

同《西南夷列传》紧排在一起，自然是有深意在内的。

3.得西南山水之助

"西南山水，惟川蜀最奇。"这是明代大学士宋濂在《送天台陈庭学序》中的话。陈庭学饱览巴山蜀水之后，精神面貌为之一新，"其气愈充，其语愈壮，其志意愈高，盖得于山水之助者侈矣"。可见巴山蜀水助益人的志趣、情操、学业。

司马相如在蜀地生活成长，浸润日久，除了家学渊源，巴山蜀水也造就了他的风格，影响了他的才气和文风。

《华阳国志》记载："司马相如、严君平、扬子云、阳成子玄、郑伯邑、尹彭城、谯常侍、任给事等各集传记，以作本纪，略举其隅。"这八家所集蜀人传记，现在都已经失传了。同时这个记载也说明，司马相如最早写过蜀人口头传说，保留了一些古蜀国历史。

　　古时候，岷江上游涨落迅猛，水势湍急，在没有都江堰水利工程的分流和阻挡前，湍流冲入成都平原，毁坏良田，频生水患，成为古蜀国生存发展的最大障碍。岷江上游的族群面对湖沼、丛林密布的洪荒之地，先在龙门山山前或平原边缘地势较高的地方定居，后来通过治理洪水、开拓农耕，才逐步扩展到整个成都平原。

　　和司马相如同时代的扬雄所作的《蜀王本纪》，也早已失传，但《文选注》《太平御览》

等书还引用了不少，这是我们目前能见到的关于古蜀国的最早资料。

扬雄出生时，距司马相如去世已经65年，离蜀国灭亡也有200多年。到东晋常璩撰写《华阳国志》时，蜀国灭亡已经660多年。《华阳国志》虽然晚出，但是常璩犹能见到司马相如、严君平等人的"蜀本纪"，所以取八家之长编成《华阳国志》。

据《华阳国志》，第四代蜀王杜宇劝民务农。杜宇因避水患，将古蜀都城移到成都平原的郫邑（今成都郫都区）。第五代蜀王鳖灵溯长江而上，直抵成都平原落脚。

在古代，崇山峻岭环绕，绵延的山脉阻隔，抵达蜀地只有两条道路：北路从武都、汶川南下，南道则由夔门、巫山、清江溯江西上。战国以后才开辟的石牛道，是通往中原的捷径。

蜀国和中原的关系，《尚书·牧誓》记载，庸、蜀等西南地区八国部队随周武王伐纣。

到秦惠王时，蜀王把弟弟葭萌封在今汉中，号为苴侯。苴侯和巴王私下联络，而巴国与蜀国世代有仇，故蜀王发兵讨伐苴侯，苴侯逃奔到巴国。巴王替他向秦国求救。秦惠王派司马错、张仪等乘势灭蜀，随即又灭了巴国和苴，在这三个地方建置了巴、蜀、汉中三郡。

巴蜀人文精神有着鲜明的"好为人先"的地域特征，"周失纪纲，而蜀先王；七国皆王，蜀又称帝。此则蚕丛自王，杜宇自帝"（《华阳国志》）。这是说，在周朝天下大乱时，第一代蜀王蚕丛率先称王；等到各国都称王，第四代蜀王杜宇又率先称帝，是为望帝。同时，也滋生着"巴蛇吞象""蜀犬吠日"的骄狂，以及"蜀人勇悍，易动难安""天下未乱蜀先乱，天下已治蜀未治"的本色。

我们考察《山海经》，不难发现这部著作将巴蜀地区置于中心的视角。中国历史上出现过三个"天下之中"：秦汉一般典籍指嵩山，《尔雅》《淮南子》以泰山为中心，《山海经》以都广（今成都平原）为天下中心。晋代郭璞在作注时就直接点明"都广之野""盖天下之中也"，揭示出巴蜀先民自居为天下之中的骄狂意识。

中国有一句流传很广的话，就是"自古文人皆入蜀"。前面我们已经提到，吕不韦及其门客入蜀，"不韦迁蜀，世传《吕览》"（《史记》），又有扬雄祖上避祸入蜀，李白父亲迁徙入蜀，苏轼先祖遭贬入蜀等，不胜枚举。

谢无量说，中华文化源头在巴蜀，所列举的中国六大文人屈原、司马相如、扬雄、李白、杜甫、韩愈，其中司马相如、扬雄、李白是蜀人，杜甫在蜀地居住多年。

巴蜀特定的气候、自然地理和丰裕的物产使巴蜀文化、文学发展有着优越的经济基础，使蜀人有充裕的条件去冶铸青铜器物，创造出漆器、蜀锦等形式精美、色彩浓艳的艺术品。司马相如在论及作赋之法时，曾以"含綦组以成文，列锦绣而为质"为喻，强调了文学创作的结构艺术、语言艺术的形式美，这也体现着巴蜀美学意识对其创作的直接作用。

第二章

为什么是司马相如？

1.《天子游猎赋》的时代精神

《史记》记载，司马相如青年时期"以赀为郎，事孝景帝，为武骑常侍"。

"赀选"是文帝、景帝时期的选官用语。"以赀为郎"，是说以家庭财产的多寡为标准选任郎官。当时的政策规定，拥有相当资产的富户人家，可以自备车马衣服来朝廷为吏做官。这也可以看出司马相如当时的家境还是不错的。

"郎"是皇帝的侍从人员，"武骑常侍"是皇帝的侍从武官。司马相如不喜欢这个职务。

恰逢景帝胞弟梁王刘武携带邹阳、枚乘等文学之士入朝省亲，司马相如一见倾心，当即称病辞职，投到梁王门下，在梁园作客，写成了《子虚赋》。几年后梁王去世，梁国被一分为五，门客星散，司马相如也就默默地返回成都。

司马相如正在成都赋闲之时，突然接到了汉武帝召见的命令。这是什么机缘呢？

司马相如得到汉武帝的赏识，直接原因是那篇著名的《子虚赋》。

原来，汉武帝即位不久，就发布公告诏求贤良人才："欲闻大道之要，至论之极。"（班固《汉书·董仲舒传》）他在分别召见主父偃、徐乐、严安、东方朔时，都发出"公皆安在，何相见之晚也"的感叹。

有一次，汉武帝大宴群臣，"延年侍上起舞"，歌曰："北方有佳人，绝世而独立。一顾倾人城，再顾倾人国。宁不知倾城与倾国，佳人难再得！"意思是说，北方有位绝色女子，幽静娴雅超俗出众，秋波一闪使人甘愿弃城，美目顾盼使人情愿放弃国家，即使知道城邦倾覆，也不要失去获得佳人的良机。汉武帝禁不住叹息道，世上真的有这样的绝色佳人吗？当他得知这位佳人就是李延年的妹妹时，马上召见并封为夫人，这就是李夫人，李延年也因此得宠。又因擅长新声，他被任命为协律都尉，奉命主管乐府。后来司马相如在这里创作修订了多首乐府诗，这是后话，暂且不提。

李延年曾为狗监，就是掌管皇上猎犬鹰隼的官员。无独有偶，另一位狗监、蜀人杨得意在侍奉汉武帝时，听到汉武帝叹息："世上还有这么好的文章，可惜我没能跟这位作者生在一个时代！"

杨得意一看，原来汉武帝正在读《子虚赋》，就告诉汉武帝这是蜀郡司马相如所作。汉武帝十分惊喜，立即下令召见司马相如。

司马相如闻听天子召见，在当地官府安排下，立即动身赶赴长安。一路上蜀道曲折、秦关险峻，他都顾不上欣赏，只是怀抱笔札，不分昼夜地构思创作。

《春秋公羊传》提出尊王攘夷的大一统理论，治公羊学最负盛名的大儒董仲舒脱颖而出，将大一统和尊王攘夷作为治国方略的基准。新任天子汉武帝也一改文帝、景帝崇尚黄老之学、实行无为而治的策略，显示出一种吞吐河山、旋转乾坤的磅礴大气。司马相如深知，《子虚赋》作于梁园，是为知音梁王所发，是诸侯之赋，而见到汉武帝一定要写出天子之赋。

见到司马相如，汉武帝非常欢喜，繁重的公务之余，在游赏皇家园囿时命令司马相如随侍。上林苑在长安之西，秦时辟为苑。司马相如随侍汉景帝时游玩过。汉武帝进行了扩建，其范围在终南山之北、渭水之南，周围三百里，内有离宫七十所。

司马相如知道，自己在《子虚赋》里已经写到，楚国有七个湖泽，最小的是云梦泽，方圆九百里，以长江为边，以巫山为界；而齐国之大，像云梦这样的地方，即使有八九处摆在境内，也只当是胸中吞了点小梗塞物，丝毫显不出来。《子虚赋》已经得到天子认可，不能更改。如今上林苑三百里，如果非虚构而实写，实在不值一提。

于是，司马相如对上林苑周界进行模糊处理，比如"苍梧""西极""丹水""紫渊"。太阳从苑东的池中升起，又落入苑西的陂池中。苑的南方，即使在寒冬腊月，还是草木青翠，绿波荡漾；苑的北方，即使在三伏季节，也是河水冰冻，大地开裂，可涉冰渡河。这样，天子的园囿，远远地超过了诸侯的园囿。赋的方位描写，正是大一统秩序的体现。

　　在上林苑里，天子乘坐着用六匹马拉着的车，车轲是用象牙镶镂的，镳勒也是用玉装饰的，高高的云旗随风飘扬，画着虎豹的大旗斜指前方，以江河为围阵，以泰山作望楼。这些描写彰显了天子的君主地位。

　　在上林苑里，皇家乐队立起了万石的钟架，撞起了千石巨钟，挂起了翠羽装饰的旌旗，竖起了鼍皮蒙的响鼓，奏起了唐尧时的舞曲，倾听远古帝王之歌，"千人唱，万人和。山陵为之震动，川谷为之荡波"。场面之壮观，声威之浩大，突出了天子的统治地位。

这篇赋就是《上林赋》。《子虚赋》和《上林赋》合称《天子游猎赋》。这两篇赋，表现汉代大一统的气势和声威。子虚和乌有先生"谨受命矣"，这两人接受天子的统一，代表着天下万民接受统治，体现了汉代大一统思想。

如果说，在《子虚赋》里还有诸侯和赵国复国的伏笔或隐秘的心绪，那么《上林赋》则通篇贯穿着大一统思想。我们可以感受到封建统一的汉王朝在上升时期所具有的万千气象和精神面貌，其视野之恢宏、胸襟之开阔，是以前文学作品中所没有的。

我们不难察觉，《天子游猎赋》所呈现出的总揽万物、兼容并包的时代特征，传达出的海内晏然、四夷来朝的时代精神，以及囊括天下、万端鳞萃的壮大气势与奇丽景象，与汉武帝"德润四海，泽臻草木""德泽洋溢，施乎方外，延及群生"的政治追求和精神世界，有着内在的相通之处。

《天子游猎赋》是司马相如最重要的代表作。司马相如放手铺写、极力渲染天子游猎的上林苑，文章结构宏大、层次严密、句式多变、辞藻华丽、精神流动、寓意高远、渲染铺张、富于文采，充分展示了汉代盛世的繁华自信，展现了汉武帝时期容纳万物的时代特征。司马相如用自己的笔，创作出属于自己时代的文学，写出了自己时代的精神。

汉武帝读后大悦，当即任命司马相如为郎官。

从《天子游猎赋》开始，司马相如的文章，侧重对大一统思想的讴歌。同时，汉武帝也始终是司马相如赋的忠实读者，可以说司马相如以文学的样式，参与了当时文化意识形态的塑造。

2.打开南下新通道

汉代大一统思想体现在方方面面。司马相如出使西南夷，就是贯彻大一统思想的重要举措。

西南夷是一个地域概念，是远在汉王朝之外的西南边地。所谓西南，是立足于巴郡和蜀郡而言的，在秦汉时期专指巴蜀以西以南地区，也就是今天云南全境、贵州西部、四川和重庆西南部以及缅甸、越南北部的广大区域。

它同时也是一个族群的概念，是秦汉时期中原人对居住在这一区域的各民族部落的总称。在西南夷地区，既有农耕民族，又有游牧民族，还有从事采集渔猎的民族。总的来说，这些民族都还处于以血缘为纽带所形成的部族社会。

汉武帝为什么要开通西南夷？

这首先和当时国力强盛以及他的大一统思想有关，而直接原因则是讨伐南越，开辟新的通道。

由于秦末的战乱，民不聊生。汉朝开国皇帝也无力置备纯一色的马匹，有的将相出门上朝甚至要坐牛车。秦汉之际的动乱和汉初国力的疲敝，使得北方的匈奴俨然成为帝国。西汉初期，朝廷的注意力主要集中于国内和北部边境，和西南地区的联系暂时出现了空白。在南方，由于秦末的内乱，闽越和西南夷均恢复独立。

到了"汉兴七十有八载"前后，国家承平日

久，百姓休养生息，实力远非汉初可比。国家的粮仓爆满，旧谷还没用完，新谷就来了，多到堆在粮仓外面。府库里累积的钱财多年不用，以至于串钱的绳子都腐烂了，散钱多得无法计算。所以史家谈到好的政治时说，在周朝是成王、康王时代最好，天下安宁，监狱里四十几年没有犯人，史称"成康之世"；在汉朝则是文帝、景帝时期，提倡节俭，以德化民，史称"文景之治"。公元前129年前后，汉王朝已经巩固了内部的政权，对匈奴的战争也取得了决定性胜利。解除了北方边患，开发西南夷就提上议事日程。

好大喜功是汉武帝的深层心理意识，开疆拓土是汉武帝的既定方略。

建元二年（前139年），汉武帝就派张骞出使西域。匈奴是当时汉王朝征讨的主要目标，其周边被朝鲜、月氏包抄，汉武帝通西域是为"断匈奴右臂"。在张骞出使西域归来前，建元六年（前135年），闽越（在今福建北部和浙江南部一带）王造反，出兵攻打南越（在今广东等地），南越向汉王朝告急求援。

汉武帝派大行令王恢率军队出豫章（郡治在今江西南昌），大农令韩安国出会稽（郡治在今江苏苏州）。

战事平息后，王恢派番阳令唐蒙去南越通报有关情况，并借以显示汉王朝的兵威。

南越款待唐蒙，吃的东西里有滋味鲜美的枸酱。唐蒙问当地人得知，有一条水路从西北牂牁江而来，连接夜郎（在今贵州）和南越，枸酱是从蜀地辗转运来的。唐蒙回到长安，向蜀地商人打听。蜀商告诉他，枸酱是蜀地特产，蜀人常常私下携带出境，到牂牁江边上的夜郎国进行贸易，或辗转贩卖到南越谋利。

唐蒙于是上书汉武帝说，南越王实际是一地的主人，管辖着东西万余里的地盘。朝廷要想收服南越，如果从长沙、豫章前往，水道阻绝，往往难通。听说夜郎国有精兵十余万，如果从牂牁江乘船南下，可以出其（南越）不意，这样制服南越进而开发西南就很容易了。

汉武帝同意了唐蒙的建议，任命他为中郎将，率领人马，携带财货宝物出使夜郎。

唐蒙到了夜郎，给了夜郎王多同很多赏赐，恩威并施进行招抚，同时承诺，让他的儿子当县令。被招抚者认为：反正汉朝离我远着呢，好处在跟前，暂且答应吧。

于是唐蒙"还报，乃以为犍为郡"。此后，唐蒙就开始调遣巴蜀两郡的士兵修筑从僰道到牂牁江的道路。

夜郎与汉王朝隔绝甚久，所以有"夜郎自大"的说法。但是两地民间交往始终是存在的，民间道路一直是畅通的。当初杜宇就是沿着民间小道北上蜀地称王。

战国时期，秦国蜀郡太守李冰，开始修筑从成都循岷江而下，至僰道县（在今四川宜宾西南）的道路。李冰父子采用积薪焚石、浇水爆裂的方法，在陡峭的岩石上凿道。岩石经过火烧，再浇以冷水，就裂开了。这条道称为"僰道"。

秦始皇统一全国后，派蜀郡太守常頞沿着李冰所修道路向前延伸，一直从僰道修筑到建宁（今云南曲靖），全长近千公里。因山高水险，不易开凿，宽仅五尺，称为"五尺道"。秦代的一尺为20多厘米，五尺相当于现在的1米多。

这是由四川通往云南的第一条官道。五尺道虽然狭窄，却和当时其他地区宽达五十步的"驰道"一样，达到了把西南夷置于秦王朝统治之下的目的，这标志着历史上中央王朝正式开始统治西南夷地区。

秦朝对西南夷的经略犹如昙花一现，没有拓展到夜郎地区。汉朝兴起后，无力顾及远在徼外的西南边地，巴蜀和滇之间原有的关隘都关闭了，才开通不久的官道又中断了。

但是，巴蜀地区的民众经常偷出关外做生意，换取西南夷地区的僮仆、马匹与牦牛等。《史记·西南夷列传》记载，巴蜀商人为了牟利，偷偷到西南夷地区经商，带回来筰马、僰僮、牦牛，所以非常殷富。

特别是由于铁器在西南夷地区还不普及，司马相如岳父卓王孙家生产的各种铁器，极受西南夷地区民众的欢迎。司马相如生长在蜀地，在这种贸易中耳濡目染，积累了许多地理、气候、语言、风俗等方面的知识。

3.助唐蒙开通南夷道

为了建立一个经略西南夷地区的据点，汉王朝于高后六年（前182年）在秦僰道故地修筑了僰道城。僰人为川南的主要民族，很多僰人被掠卖到巴蜀地区作为僮仆。

僰道以南，山险水深。有的地方要攀着树木，有的地方要用绳索牵挽才能爬上去，登山真是难如登天。

由于此时西南夷已经脱离了汉王朝，唐蒙修筑道路所需的人力、物力无法就地征调筹集。他率领巴、蜀、广汉的吏卒数万人筑路，费时耗工，进展缓慢。

《史记·司马相如列传》记载，西南夷道尽管花费了两年时间，但是路还没有修成，而大部分士兵因此而死，耗费的钱财数以万计。

为了推进道路建设，唐蒙决定诛杀僰道县令，杀鸡儆猴。僰道县令叹息说，自己虽在蜀郡为官，竟因道路不通而没见过成都城。唐蒙随即下令送县令到成都后再杀掉。所以当地世代相传谚语："思都邮，斩令头。""邮"就是驿站，"都邮"就是邮驿总站，此处指成都。

唐蒙大规模地动用人力、财力，在百姓中引起不满和骚动，他为此用军法诛杀地方官，这样做的结果更使得当地人心浮动。为了安抚巴蜀民众，汉武帝指令司马相如出使巴蜀。司马相如发布了政府文告《喻巴蜀檄》。

檄文说，皇朝向北征讨匈奴，向东攻击闽越，军至番禺，南越太子入朝。南夷的君长、西僰的首领，争相向朝廷表示愿早日归附，做汉朝的臣民，只因路途遥远、山川阻隔，不能亲自表达心意。现在听说唐蒙颁布紧急军令，使年轻子弟感到恐惧，使父老长者心生忧患，郡里又擅自转运粮食、输送物资，这些都不是皇上的本意。应征者之中有人自杀，有人逃亡，这也不是臣民应该持有的节操。皇上一方面忧虑使者及官吏如上述那样违旨行事，一方面又痛心不贤的愚民如此不明义理，所以派遣诚信的使者明白地告诉百姓征发士卒一事的真相，同时又责备他们不忠而亡的罪过，责备三老不给予教诲的过失。

司马相如说明唐蒙过度使用民力的做法有违朝廷的旨意。同时，指出为开通西南而供奉财力是臣子应尽的职责，并站在巴蜀郡民的角度思考问题。

这篇文告通过巴蜀二郡太守，下发到县、道[①]基层，迅速安抚了巴蜀民众，收到了良好的效果。

经过司马相如的调停安抚，唐蒙整修南夷道的工作得以顺利进行。

"凿石开阁，以通南中。迄于建宁，二千余里。山道广丈余，深三四丈。"（郦道元《水经注》）汉代的一丈约相当于现在的2.3米，路面相比1米多宽的五尺道大为拓宽。建宁是今云南曲靖，汉武帝设立益州郡后称味县，为靡莫之属，是滇国和夜郎国的势力交界地区。

---

① 汉代在少数民族聚居区设置的县级单位称道。

南夷道的开发，不仅为汉王朝攻打南越提供了一条新的通道，更重要的是，这条道路与西汉时期的海上丝绸之路，也通过南越所在地建立起了联系。从《汉书·地理志》中可知，海上丝绸之路至迟在公元前2世纪便已存在，它最早的始发港恰好位于南越所在地。

公元前129年，也就是司马相如出使西南夷之年，南夷道开始设置邮亭。邮是传递文书的专门机构，也可以供人止宿，五里一邮。亭是汉代的基层行政组织，也可供旅客止宿，十里一亭。邮、亭都同时负有司奸禁盗的职责。

又过了二十年，汉武帝听说从西南夷可以经过身毒（今印度）到大夏（今阿富汗东北部）后，又将这条道路延伸到了今滇池一带。

当然，征服昆明人，将南夷道拓展到叶榆（今大理），这是后话。

《史记·司马相如列传》记载，西夷的邛、筰等国君长听说南夷获得了很多赏赐，于是也纷纷表示希望归附，成为汉朝的臣民，请求派驻官吏，待遇与南夷等同。

由于开通南夷的工程十分艰巨，死人很多，耗资巨大，巴蜀民众与朝廷的权臣多曾表示反对。汉武帝对西夷称臣置吏非常慎重，广泛征询各方的看法。

司马相如坚定地支持汉武帝，认为邛、筰、冉、駹等国临近蜀郡，道路也相对容易开通，秦朝时曾与之交往并设置郡县，到汉朝才中断往来。如果恢复交往，重新设置郡县，其价值远胜南夷。汉武帝于是任命司马相如为中郎将，让他持符节出使西南夷。

汉武帝派使者出使西南夷，为什么最佳人选是司马相如？这首先自然是因为汉武帝的大一统思想和开疆拓土战略需要，司马相如赋中表达的思想与汉武帝国家统一的思想内在相通；再就是司马相如熟悉巴蜀和西南夷民情，在巴蜀民众中享有很高的威望；当然还因为司马相如坚定支持汉武帝，发布《喻巴蜀檄》推进南夷道建设就是例证和实绩。

第三章 蜀郡主人和贵客

1.蜀郡太守文翁

我们在开篇已经说过，当司马相如到达成都时，蜀郡太守以下的官吏都到郊外迎接，县令还背着弓弩在前面引路。

那么没到场的太守是何人呢？此时的蜀郡太守非同常人，他就是文翁。

景帝末年，文翁成为蜀郡太守。

他开湔江口，发展水利事业和农业生产。

他又兴办学堂，成立文翁石室，入学者免除徭役，成绩优良者选为郡县吏。这是我国第一所地方公办的面向平民百姓的学校。

文翁还选郡县小吏中有才之士赴京师学习，数岁学成乃归，由此蜀郡文风大化。凡是由蜀地到京都的求学者，犹如来自孔孟降生之地齐鲁一般，受人敬仰、另眼相待。

蜀地的民风也因此大为改变，不亚于齐鲁等文化发达地区，以至于汉武帝把文翁兴办官学的做法推广到天下郡国。

文翁化蜀是发生在西汉前期的一件大事。

班固《汉书·循吏传》说："至今巴蜀好文雅，文翁之化也。"循吏，即奉职守法的官吏。

这次司马相如出使，文翁负责接待，两人的关系到底如何？

三国时期学者秦宓认为，司马相如受文翁派遣入京都学习得以成名。

我们考察可知，文翁大约在公元前141年创办文翁石室。这年正月，汉景帝去世，汉武帝即位。但司马相如在景帝时期已经"以赀为郎"，成为武骑常侍，后来又投奔梁王，作客梁园，写成《子虚赋》，然后回到成都。而且在秦宓之前，没有任何史料说到司马相如成名与文翁的关系。

所以，秦宓的判断不太经得起推敲。

司马相如从公元前144年梁王病卒归蜀，到被汉武帝征召为郎①，在成都赋闲很长一段时间。文翁自从景帝末年为蜀郡太守，直到元封元年（前110年）卒于任上，在成都主政蜀郡长达三十余年。两人在成都重合时间较久。

_____

① 司马相如被征召的时间，各家说法不一，有公元前135年、前136年、前138年等。

从司马相如自梁园归成都郁郁不得志，接受好友王吉邀请到临邛散心来看，他与成都地方官关系不太密切。这时司马相如在政治上不得志，文翁自然不会太接近他。

在《喻巴蜀檄》中，司马相如曾指出，为开通西南夷而供奉财力是臣子应尽的职责，郡里擅自转运粮食、输送物资，这不是皇上的本意。《喻巴蜀檄》的主体针对的是巴蜀二郡的太守，第一句话就是"告巴蜀太守"，通篇道理都是讲给巴蜀二郡的太守听的。

司马相如在文末说，现在正值耕种时节，对烦扰百姓之事当慎之又慎，虽然已经亲自告知附近县城的百姓，但还是担心居住在溪谷山泽等偏远地区的百姓不能听到，因此檄文到达之后，应尽快下发到各个县、道，使所有的人都明白皇上的意思，不得轻忽懈怠！

这可以说，对巴蜀太守的指责已经很严厉了。

2.临邛富商卓王孙

司马相如离开成都继续西南行,第一站到达临邛。秦惠文王更元十四年（前311年）设置临邛县。

民国《邛崃县志》记载,邛来山自邛过筰,北来之山,至临邛之南五里而尽。何谓临邛?居高临下监视邛人之意。

秦张仪、张若在巴蜀地区修建了临邛城、成都城、郫城、江州（今重庆）城和阆中城。高大的城墙上有观楼和射兰，下设粮仓，街道、府舍、市肆与民宅样样俱全。

临邛城南有盛产铁矿的五面山，境内还有火井（生产天然气）、盐井，蜀刀、蜀布从这里发展起来，靠盐铁经营致富的比比皆是。

司马迁在《史记·货殖列传》里说，巴蜀是一片膏沃的土地，出产的铜、铁、丹砂以及竹、木器等是数不清的，它南面挨着滇、僰，僰地多出僮仆，西面紧邻邛、筰，筰地多马匹和牦牛。虽说中原到蜀地山岭重重，可是山上架了栈道，没有地方走不通。

他随后就举了卓王孙的例子。

卓氏先祖本是赵国的冶铁业主，在赵被秦灭后迁徙入蜀。此时，由秦入蜀、跨越秦岭的褒斜道已经开凿，途经斜谷，"栈道千里，通于蜀汉"。

卓氏先祖进入葭萌（今广元西南）后，同行的许多人家沿途就地扎根，只有卓氏自愿远迁汶山之下，来到临邛。

据说卓氏家族承包邓通钱币铸造，十分富有。

《史记·佞幸列传》记载，汉文帝宠幸侍郎邓通，"于是赐邓通蜀严道铜山，得自铸钱，'邓氏钱'布天下"。汉文帝赏赐邓通严道县的铜山，准许他开发铜铁矿铸钱，"邓氏钱"遂流通天下。《华阳国志》记载："汉文帝时，以铁铜赐侍郎邓通，通假民卓王孙，岁取千匹。故王孙赀累巨万亿，邓通钱亦尽天下。"卓氏成为邓通的代理人，巨富无比。

严道县治在今雅安境内荥经县。秦并蜀后不久，利用本地人和新迁徙来的羌戎——"严允"的后裔，共同修筑自临邛到荥经的大道，这条道路被称为"严道"。秦在这些地方尚未设立行政机构，所管理的只是这条道路本身。公元前312年，秦惠文王封其异母兄弟樗里疾于严道，设置严道县。

秦时，在原蜀国西南边境只设有一个严道县，包括原属徙国的今荥经、天全、泸定以及原属青衣羌国的今宝兴、芦山等地，还包括今洪雅大部以及康定、雅江、九龙一带。

《汉书·王尊传》所提到的邛崃山，并不是今天的邛崃山脉，而是特指严道县以西的大山。严道扼守在邛崃山九折坂下，是秦汉时蜀通西夷的必经之处。严道治所在今荥经县古城坪，荥经县城北三十里有铜山。在先秦时期，此地即蜀开明王朝的冶铜基地，至汉初已规模宏大，遐迩知名，所以汉文帝把严道铜山赏赐给宠臣邓通。

等到汉景帝即位，统一货币铸钱权，邓通丧失了铸钱资格。他回到故乡南安（今乐山）家居。不久后，有人告发邓通，说他"盗出徼外铸钱"，汉景帝就把邓通的钱财全部没收充公。

汉武帝实行彻底的币制改革，严禁地方政府铸钱，把从前地方所造的旧钱收回熔销，同时严禁民间私造煮盐器具，但仍任用旧日盐铁大贾充当盐铁官，允许他们开采铁矿、冶炼铁器并负责售卖。临邛多铁矿，汉王朝在临邛设有铁官监造，专门管理铁器的生产和销售。

由于卓王孙发挥冶铁世家特长，家里十分富有。据《史记》，卓家有仆人八百人，属于临邛首富。

同时，临邛富商程郑也从事冶铸业，其先祖

从太行山以东迁来临邛。他的财富与卓氏相当，在田园水榭尽享射猎游玩之乐，豪奢可比得上国君。据《史记》的记载，程家也有数百仆人。

更有传说，卓王孙把女儿卓文君嫁给程郑的儿子，两家结为亲家。

汉代社会风俗，陪嫁成风，嫁奁丰厚。卓文君出嫁时，程家的招待婚宴是牛、羊、豕三牲全备的"太牢"规格，高于羊、豕两牲的"少牢"规格。卓文君出嫁随行有400匹马拉的百辆车子，陪嫁物品不计其数。卓、程家族的奢侈豪华，超过了战国时期有门客三千的孟尝君。

可惜婚后不久，程郑的儿子就去世了，卓文君回到娘家守寡。

3.凤求凰兮卓文君

　　司马相如受到的高规格礼遇，使得临邛名士纷纷登门，奉献酒肉来讨取他的欢心。这里面也包括司马相如的岳父卓王孙。

　　《史记》记载："卓王孙喟然而叹，自以得使女尚司马长卿晚，而厚分与其女财，与男等同。"这里记载的史实是，临邛首富卓王孙见到司马相如的高车驷马，感叹不已，认为把女儿嫁给司马相如太晚了，于是让卓文君和弟弟享有同等的财产。

原来，在梁王去世后，司马相如回到成都，家境已经败落，在郁郁不得志之时，受好友临邛县令王吉邀请来到临邛做客。

为了讨好王吉，卓王孙和程郑设宴招待司马相如。酒酣之际，王吉请司马相如抚琴。据传，这琴乃是梁王赏赐的绿绮琴，司马相如特意随身携带。

绿绮琴摆在厅堂窗下，司马相如坐定，深吸一口气。窗外园中香草相连不绝，随风摇摆，散发出浓烈的芳香，香气沁人肺腑，飘进窗里。

琴是文人之间知音难求的象征，源于伯牙子期的故事。司马相如弹奏的是后世传说的《凤求凰》："凤兮凤兮归故乡，遨游四海求其凰。"琴声悠扬，飘向庭院，飘进深闺，飘进了卓文君的耳朵。

司马相如抚琴之际，偶向窗外瞥去。只见面前一名女子，身材修长，体态轻盈，身段苗条，行步安详，着素色绸衣、曳地长裙，风从后侧吹拂而过，袖摆裙摆向前飘动，随风婆娑，有时拂过地面的花草。后面跟着一个侍女，看不分明。

正当心荡神摇之际，前面那女子恰向窗内看来。眉色如望远山，脸际常若芙蓉，肌肤柔滑如脂。那女子与司马相如双目相对，嫣然一笑，神情妖媚，光艳动人，摄人心魄。

这女子正是卓文君，自幼雅好音乐。她从窗间窥见司马相如，心生慕悦。一曲《凤求凰》，深深地引起了她的共鸣。

从《诗经》开始，知音难求，琴瑟通心：窈窕淑女，琴瑟友之（《周南·关雎》）；琴瑟在御，莫不静好（《郑风·女曰鸡鸣》）；妻子好合，如鼓瑟琴（《小雅·常棣》）。

宴会结束后，司马相如用重金贿赂卓文君侍女，让其转达爱慕之意，卓文君于是夜奔司马相如住处。二人当机立断，驰归成都。卓王孙闻讯大怒，认为女儿极不成材，虽不能奈何于她，但也不分给她一文钱。

司马相如与卓文君回到成都后，家徒四壁，度日艰难。过了一段时间，两人商议重返临邛，卖掉车马，买下一家酒店。卓文君站在垆前卖酒，司马相如穿起犊鼻短裤，与雇工们一起操作忙活，在闹市中洗涤酒器。卓王孙听闻后，感到耻辱至极，从此闭门不出。

卓氏家族一些长辈和兄弟劝说卓王孙，说司马相如虽然贫穷，但确实是个人才，况且又是县令贵客，不能让他们忍受这样的委屈。

卓王孙迫不得已，只好分给卓文君家奴一百人，钱一百万。特别是卓文君初次出嫁时的衣服被褥和各种财物，当时夜奔没来得及携带，这次一并带走。当时，出嫁女子对其奁产拥有终生所有权，可以自由处置。

卓文君同司马相如又回到成都，置办田地房屋，过着富有的生活。此可见于王褒在《益州记》中的记载："司马相如宅在州西笮桥北百许步。"

司马相如把这个特立独行的故事写入《自叙》之中，展现了不拘礼法、率性而为的蜀人风采。司马迁又浓墨重彩地将之记录下来，细致入微、饶有兴味，并无批评之意。这也显示了司马迁的胸怀和胆识。

从《诗经》开始，无望的爱情最能打动人。"所谓伊人，在水一方"（《蒹葭》）、"洵有情兮，而无望兮"（《宛丘》）以及《月出》《泽陂》等都描写了"无望的爱情"。中国文学中的爱情主题，总是朝着这个方向发展。在这个大背景下来看，司马相如与卓文君的相知相遇，显得与众不同，因此成为千古佳话，后世不绝于书，不断叙说。

扬雄说"蔺生收功于章台""司马长卿窃訾于卓氏"，这是把司马相如与蔺相如放在一起，作为成功案例来看待。

杜甫写下"野花留宝靥，蔓草见罗裙。归凤求凰意，寥寥不复闻"（《琴台》），野花仿佛是脸颊上的笑容，蔓草仿佛是昔日的碧罗裙，既是赞赏，也是千古知音难逢的慨叹。

李商隐自比司马相如："休问梁园旧宾客，茂陵秋雨病相如。"（《寄令狐郎中》）温庭筠也把李商隐比作司马相如："子虚何处堪消渴，试向文园问长卿。"（《秋日旅舍寄义山李侍御》）李商隐又仿杜甫作了《杜工部蜀中离席》："美酒成都堪送老，当垆仍是卓文君。"成都的美酒真可以用来安度晚年，何况卖酒女子长得真像卓文君！

第四章

山河岁月西征路

1.灵山关下青衣水

过了临邛继续西南行，司马相如来到古青衣羌国地界。这里是临邛古道的终点，同时也是古青衣道的主要路段。史籍记载和出土文物都表明，古青衣道轨迹大致是，经青衣—徙—严道，此段称为"古青衣道"。以邛崃山九折坂为界限，翻过九折坂，下一段路程称为"古旄牛道"。古青衣道和古旄牛道在司马相如开通西南夷后，合称西夷道。西夷道和唐蒙开通的南夷道在云南会合，再加上后来开通的永昌道，就构成了蜀身毒道在国内的完整线路。

为便于理解青衣道，这里必须提及青衣江的水系。青衣江，古称青衣水，最早见于《竹书纪年》："瑕阳人自秦道岷山、青衣水来归。"青衣水上游有北、西、南三源。

青衣水北源包括今芦山境内的青衣水（今芦山河），发源于海拔3000多米的雪山。古代认为它是青衣水正源。

青衣水北源还有一条"沫水"（今宝兴河），由今宝兴县东河、西河两水汇合而成，发源于海拔4930米的夹金山。流到芦山县境内时，宽约70米的河面，被挤压成宽度只有10米的峡口，水流迅猛，水势盛大，奔赴狭隘的山口，冲击着大石，仿佛发怒一般，好像沸水在锅中翻滚，急转直下，渐渐又波平浪静。鲜艳明亮的玉石——蜀石，全都沉积在水下。水势悠远，流向远方，天际泛出一片白光。这条河其实才是青衣水的正源。沫水与青衣水在芦山县汇合后南流，统称羌水。

青衣水西源是和水（今天全河），南源是邛水（今荥经河）。这两条河在现在的天全县东南两河口汇合，再东流至今芦山县飞仙关，与羌水合流汇聚，形成青衣水干流，经今雅安市城区，再东南流至今乐山市草鞋渡汇入大渡河（古称濊水）。

青衣水上游三源的河谷，就形成了通向西南夷的三条天然通道。同时，向东隔着罗绳山（古蒙山）与成都、临邛以及僰道相通，向北沿着沫水河谷越今夹金山，与冉駹及甘青地区、中原相联结。这是古代商贾为避开官府检查顺河谷而开辟的民间小道。

在《汉书·地理志》中，蜀郡有十五县，青衣县名列第六。青衣和僰道一样，成为蜀贾潜出的边境口岸。青衣县一个重要关口就是灵关[1]。这个灵关在杜宇时期就成为古蜀国的后户。根据《华阳国志》，杜宇以褒斜为前门，这是通往中原的蜀道；而以熊耳、灵关为后户，这是通往南亚的蜀身毒道。

汉时一般30里设置一个驿站，而这条道路因过于险峻，维护成本很高，平均120里才设置一个驿站。司马相如所要安抚的国家并非都在道路沿线，而使团又是拉着重物的大车队出行，所以每天出行超不过50里。

─────────────

[1] 灵关在今宝兴县，东南与芦山县毗邻，西与天全县接壤，为三县的结合部。宝兴县，1930年建县，此前地域分属芦山县和天全县。

此行还有一个重要特点，就是司马相如一边安抚西夷首领，一边征发民众修筑道路桥梁，新建或把民间小道改建为官府道路，以便从经济、政治上控制西夷地区。

在司马相如通西夷之前，民间商人为避开官方检查，大多沿山间河谷行走。等到司马相如开凿灵山，整修道路，这条民间道路成为官道。史籍称之为"灵关道"，因这条道路的起点是灵山或灵关。

灵关外深谷险壑，江流湍急，两岸如刀削斧劈，重重叠叠的悬崖峭壁遮天蔽日。司马相如开通灵关道，遭到西南夷诸部落的反抗，通过司马相如的出使调和或者平定反抗，这条民间商道才变成官道。后来张骞数度探路西南，也遭到诸夷的反对而未成功。

汉代遗址颇多。唐代剑南西川节度使韦皋曾两次从灵关出兵救援维州（今四川理县），清代乾隆发动大小金川之战，也是经灵关供应粮草。直到近年汶川大地震，成都通往汶川的道路受损，此处还成为最重要的救援通道。

2.蔡、蒙旅平

流淌在邛崃山系的青衣水，穿山而出，汇聚众水，一路南行。这样一个狭小的流域，《尚书》《山海经》等重要经典屡屡提及此地的名山和水系。

《尚书·禹贡》记载："华阳、黑水惟梁州。岷、嶓既艺，沱、潜既道，蔡、蒙旅平，和夷厎绩。"大意是，华山南麓与黑水之间属于梁州的境域，按照大禹制定的治水方案，对梁州境域内的水系进行了治理后，岷山和嶓冢山的耕地已能种植五谷，沱江与潜水按照疏浚好的河道归流，不再泛滥。蔡山和蒙山也成功开辟并整治了道路，和夷的水域治理也取得了成效。

岁月悠悠，山川无改，江水绵长。《尚书·禹贡》短短的一段文字，给我们描绘了古代梁州的山川概貌和治水功绩。"蔡、蒙旅平，和夷底绩"，即发生在司马相如正在经过的青衣水流域。

《水经注·青衣水注》记载："县，故青衣羌国也。"商朝王室贵族得罪过王室的，均被发配到边疆地区，周朝还将充军的王室成员和诸侯国兄弟安排到川西做统领。

对于《尚书·禹贡》的蔡山，孔颖达、司马贞都说"不知所在"。叶梦得以周公山释蔡山，周公山是邛崃山支系，是雅安的南山。

在周成王时期，蔡叔度、管叔鲜挟持纣王之子武庚叛乱，不久被周公旦平定，蔡叔度和殷移民中的重要人物，被流放到青衣江流域。蔡叔度被流放郭邻，前人注释说是中国之外地名，盖相传为然，不知在何方。根据《尚书·舜典》，流之远地，任其自生。有人考证此"远地"即青衣江流域蔡山，即今周公山。

《汉书·地理志》说："蒙山在蜀郡青衣县。"《史记集解》载："蔡、蒙在汉嘉县。"《后汉书》称："汉嘉，故青衣，阳嘉二年改。有蒙山。"西汉时期的青衣县，到东汉改名为汉嘉县。蔡山、蒙山在其境内。旅，就是道、途。道途开通，是古时候的大事。蔡、蒙旅平，就是这两座山的道路已经平治。

蒙山是有史记载的世界上人工种植茶叶最早的

地方。白居易有诗："琴里知闻唯渌水，茶中故旧是蒙山。"蒙山贡茶的历史长达1200年之久。前不久，我在故宫博物院的茶文化特展里面还看到雅安的三种清代贡茶原件。

根据王夫之的解释，"和夷"者，和川之夷，严道有和川，夷人居之。和川就是前面所说的天全河，青衣江的西源。夷人，即当地土著部族。厎，是致、定的意思；绩是功的意思。厎绩，意思就是实现了有效治理。

蒙文通在《巴蜀古史论述》中说，《禹贡》是北系的作品，《山海经》是南系的作品。以长江为中心的南系作品《山海经》是怎么说的呢？

《山海经·中山经》记载："又东北一百四十里，曰崃山。江水出焉，东流注大江。""又东一百五十里，曰崌山。江水出焉，东流注于大江。"郭注于前者说："邛崃山，南江水所自出也。"于后者说："北江。"《山海经·海内东经》记载："首大江出汶山，北江出曼山，南江出高山。高山在城（成）都西。"

在古代，人们长期认为岷江是长江的正源，所以岷江又被称为"江水"，也是《山海经》所称发源于汶山的"首大江"。

青衣江汇入大渡河后，随即与岷江汇合。青衣江是岷江的上游，也就是长江的上游。故青衣江也可称为"江水"。

《山海经·中山经》所谓"崃山。江水出焉"，这里的"江水"应是邛水。我们且看《汉书》所载："邛来山，邛水所出，东入青衣。"根据《水经注·青衣水注》，汉嘉"县有蒙山，青衣水所发"，我们已经知道青衣水有芦山河、荥经河与天全河汇入，而"青衣水又东，邛水注之，水出汉嘉严道邛来山"。由此可知，这条发源于邛崃山（不是邛崃山脉，而是《汉书》特指的严道县西大山），注入青衣水的河流，正是荥经河。

再对照"邛崃山，南江水所自出也"和"南江出高山，高山在城（成）都西"，《山海经》所说的在成都西面的高山，正是南江水所发源的邛崃山，也正是《汉书·地理志》所说的邛水所出的邛崃山。邛水也就是南江水。如果更具体一点说，邛水是从邛崃山九折坂流下的荥经河。

我们再来看"崛山。江水出焉"，这里的江水应该是指沫水。沫水是青衣江的北源和正源。

《水经注》卷三十六载："青衣水出青衣县西蒙山，东与沫水合也。""沫水出岷山西，东流过汉嘉郡，南流冲一高山，山上合下开，水迳其间，山即蒙山也。东北与青衣水合，《华阳国志》曰：二水于汉嘉青衣县东，合为一川，自下亦谓之为青衣水。"

沫水同青衣水汇合为羌水，又接纳从南面邛崃山而来的邛水（今荥经河之荥河），最后汇入长江（大渡河和岷江）。

沫水就是宝兴东河、西河汇成的宝兴河。1930年，取《礼记·中庸》里"宝藏兴焉"之意设立宝兴县后，有沫水、铜江水、思延河、灵关河别名的县境内干流始称宝兴河。

郭璞以崃山（邛崃山）所出为南江，崌山所出为北江。源出崌山的沫水正在源出崃山的邛水之北，这样描述是准确的。崌山，就是夹金山。沫水就是北江，源自岷山之西的夹金山。

崛山之名，除《山海经》外别无所见。蔡山、蒙山出自《尚书·禹贡》，崃山、崛山出自《山海经》。《汉书·地理志》没有提到沫水，而提到大渡水，其实就是今宝兴河。"渽水出徼外，南至南安东入江"里的"渽水"，才是今天的大渡河。

《竹书纪年》载，梁惠成王十年，"瑕阳人自秦道岷山、青衣水来归"。其中，"道"又作"导"。上下文的意思连贯起来看，大意是，梁惠成王十年（前360年），引黄河水入圃田，又挖大沟引圃水。瑕阳人疏导岷山、青衣水，又从秦国回到梁（魏国）。这样的远去和归来，显示出魏国对隔着秦国远在西南的巴蜀乃至青衣羌国是相当熟悉的，故能来去自如。请别的国家（魏国）的水利工程师来治水，是国家强盛的表现。

这个记载是迄今所见关于西南与中原发生和平交往的最早记述。

光阴迢迢，风景无边。

青衣江流域这样一个小小地区，《山海经》《尚书·禹贡》如此详为序列山水，正可见出，这个地区很有可能是巴蜀最先开发的区域之一，正如古蜀先民先在龙门山山前或平原边缘地势较高的地方定居，前往成都平原反而是第二步的发展。

3.朝冉从駹

一般认为，最早统治四川盆地的蚕丛氏，即五代蜀王中的第一代蜀王，是起源于岷江上游河谷的氏族。

史载蚕丛为"纵目人"，目前考古发现的三星堆眼突青铜人像也是"纵目人"，这极有可能是按照对蚕丛氏的记忆而塑造的形象。

根据古籍的记载，蚕丛开始居住在岷山石室之中。蜀郡岷山，本来是冉駹部落。《史记》记载："自筰以东北，君长以十数，冉駹最大。"冉駹在不同的历史文献中，有时单称"冉"，有时单称"駹"，反映出二者文化面貌比较相近甚至可以互相替代。

据《山海经》的记载，駹的形象是马身龙首。冉駹是现在川西北地区传说中的戈基人，从事半农半牧的生产活动。

"冉駹"二字，古音与"蚕丛"相近，为同音异写。其"依山居止，累石为室"与蚕丛"居岷山石室"一致。冉駹的石棺葬文化也与蚕丛作石棺石椁相同。由此可以推测，蚕丛氏来自冉駹夷，是当地已知的早期居民。

在川西北地区，"其山有六夷七羌九氏，各有部落"（《后汉书》）。战国时期，随着秦国的对外扩张，甘青地区的羌人向西、向南迁徙：或为牦牛种，即越巂羌；或为白马种，即广汉羌；或为参狼种，即武都羌。《史记》记载："自駹以东北，君长以十数，白马最大，皆氐类也。"

司马相如自成都西南行，经临邛，到灵关，其副使过灵关翻越夹金山至今阿坝地区，安抚蜀郡之西稍北的冉駹部落。他自己则亲自带队，继续前行经过斯榆、筰都、邛都等地。

后来，司马相如的副使王然于、吕越人等再次出使西南夷，分四路前行，其中北线"出駹""出冉"，结果到达"冉駹"所在的岷江上游地区，再由岷江上游汶茂地区向西行一二千里。"其北方闭氐筰。"

在司马相如通西夷18年后，汉王朝在冉駹地区设置了汶山郡。不过"至地节三年，夷人以立郡赋重，宣帝乃省并蜀郡为北部都尉"（《后汉书》）。冉駹融入中华一体民族多元的历史格局之中，这使汉王朝的西南边疆更加巩固。

4.略斯榆过九折坂

在灵山，司马相如派副使越夹金山北入茂汶，而自己则继续向西南行，这条路线要经过徙（斯榆）。

《史记》记载，"自嶲以东北，君长以十数，徙、筰都最大"。前人注释：徙、筰，二国名，徙音斯，在汉嘉。汉嘉就是西汉的青衣。徙大致在今青衣江流域天全始阳一带。

徙，又作斯、斯榆、斯臾、斯都。"斯榆"

和"徙"是同一族群。"徙"和"斯"在作为人群称谓时读音相同。古代称人聚集的地方为"都",斯都就是被称作斯(徙)的人群居住的地方,筰都、邛都也是类似的意思。

司马相如所走的这条线路还必须翻越邛崃山。他从天全过二郎山至泸定折向西南;或者自天全始阳、荥经向西沿荥经河翻越邛崃山进入筰都。

《史记》记载,蜀郡有"严道邛邮"。考古证明,严道不仅与中原发生了贸易交流,也接受了先进的中原文化。严道古城是目前所发现的秦、楚移民的最南界。到了司马相如行经的时候,严道以北,仍是官道,有邮置。当地政府也不断对道路进行整治和维护保养。

《管子》记载,商汤曾开采严道铜山之矿。战国时期,楚国产铜最多的地方,以丹阳和严道两处最为著名。汉文帝赐邓通严道铜山，在这里留下了富可敌国的典故。严道也负责向京都供应水果，特别是贡橘。在西安汉城遗址中出土严道之印、严道长、严道橘园、严道橘丞等封泥非常多。严道和京都官书往来非常繁密。

前面已经说过，蜀郡包括了青衣和严道，它们在西汉是罪人流放之地。汉文帝即位后，高祖的儿子只剩下汉文帝和淮南王刘长还在。淮南王入朝，和皇上同车到园囿打猎，如同后来汉景帝和梁王刘武的关系一样。后来淮南王派人到闽越、匈奴联系，意图谋反，应当处死。汉文帝赦免了刘长的死罪，废掉其王位，用辎车载着刘长，命令各县依次用驿车传送，迁他到蜀郡严道邛邮居住。结果刘长还没走到严道，就已经饿死在路上。

根据严道古城周边出土的战国楚墓，一般认为当时的楚国极可能为了开采雅砻江和金沙江流域的黄金，而开凿了古道。此后，这条道路一直沿用下来。只不过到了唐代，翻越大相岭的清溪古道开通，四川通往云南的线路就因此长期被认为自古便经过大相岭。直到何君尊楗阁刻石的重新发现，才终于厘清南方丝绸之路历代的演变情况。

依据东汉何君尊楗阁刻石的记载，古代南方丝绸之路不走现在的大相岭，而是沿荥河西进，翻越今天的荥经与泸定交界的野牛山（最高峰为牛背山）。野牛山就是古邛崃山，九折坂在其上。司马相如从严道翻越邛崃山到笮都，就经过著名的"九折坂"。

荥经是世界上最大的野生珙桐群落分布县，今天有30万亩之多。珙桐是当之无愧的植物活化石，曾被誉为"北半球最漂亮的树木"。早在千万年前，就有成片的珙桐花在这里绽放。四五月份珙桐花漫山遍野盛开，微风吹拂，白色的苞片在绿叶中浮动，好像成千上万只鸽子展翅飞翔。不知司马相如途经时是否见过？我有次不经意间向车窗外一瞥，深山里，除了白色的珙桐花，还有嫩黄菜花在一个个不起眼的山头角落绽放青春，美丽动人，无比奇艳，震撼心魄。

秦灭蜀后，严道为秦国南端的边界，设有关卡。汉武帝分全国为十三州部，每州部设刺史一人，刺史每年八月巡视所部郡国，今云贵川三省及重庆市等地当时划为益州刺史部。

《汉书》记载，西汉益州刺史王阳巡视经过九折坂，见山势险峻，感叹道，父母给了他身体，为什么要反复走这样的险路呢？后来他就托病辞去了益州刺史职务。后任益州刺史王尊，巡视所部郡国，也途经九折坂。他问下属，这就是王阳害怕走的地方吗？下属回答是。王尊便大声对赶马的人说："驱之！阳为孝子，尊为忠臣。"（往前走，王阳是孝子，我王尊却是忠臣！）孝子回车、忠臣叱驭，成为千古佳话。

这段记载透露出，过九折坂的路虽然凶险异常，却是可以驱车而过的。司马相如同王阳、王尊均为西汉时期官员，则过九折坂亦必经此途。王阳、王尊的路线极大可能就是从蜀郡出发，至九折坂，至筰都，至邛都、昆明、牂牁、滇、夜郎等，最后回到犍为这么一大圈。

5.筰都旄牛道

筰都在今汉源一带，位于徙以南。临邛古道的终点是灵山，灵关道的起点是灵山，灵关道的终点是严道。从严道翻过邛崃山九折坂，就到了筰都，筰都旄牛道的起点是严道。

《尚书·牧誓》记载了随同周武王征战的八个方国。孔颖达注释说，此八国皆西南夷也。八国中就包括筰国，同时也说明当时就有道路通向中原。

《诗经》云："如蛮如髦，我是用忧。"郑玄注释说，髦是西夷别名。髦与犛、犣、旄相通，今简化为牦，是以牧牦牛为生之意。犛国部落接受杜宇农耕文化，改国名为笮都。"笮"是竹索之意；"都"是区域之意。"笮都"，就是以竹索为渡的区域。笮都夷"居处略与汶山夷同"（《后汉书》），都是半农半牧的山区。

司马相如出使至此，说服笮都君长归附，并设置笮都县。笮都县主要居民称为"旄牛夷"。《史记》里描写尧："黄收纯衣，彤车乘白马""就之如日，望之如云"。旄牛夷眼里的司马相如，应该也是这般行走在笮都日月山川里——天子之使，如日如云，望之若神！

在古代，要从严道翻过邛崃山九折坂才到笮都；而在今天，从荥经（古严道）穿越10公里长的泥巴山隧道就到了汉源（古筰都）。过了泥巴山隧道，真是两重天，一侧阴雨连绵，一侧阳光灿烂，几乎永远是这么神奇。

在司马相如行经的年代，即使在寒冬腊月，筰都也是草木青翠，绿波荡漾。绿叶和小枝条摇曳，到处是盛开的红花，一串串地悬挂下来，鲜艳明亮的花儿，映照着广阔的原野。桢楠、银杏高耸，得几个人才合抱得过来。树木的花朵和枝条都生长得舒展，果实和叶子硕大。树干高大挺拔，枝条伸向四方，落花四处飘扬。疾风吹来，枝条都随风摇曳，有时发出如钟磬般的声音。它们一直伸展到低洼的地方，放眼望去，无边无际。

在汉源富林，发现了我国南方第一个旧石器时代晚期的文化遗址——富林文化。这里有我国北方广为分布的以小石器为主体的旧石器，证明了两万年前，在横断山区，顺着河流分布方向，南北文化交流频繁。在富林对岸的大树，战国以前石棺葬的出土，则证明这里曾受第一代蜀王蚕丛统治的影响，同时也说明此处当时为交通要道。

司马相如在当地设置笮都县。好景不久，后来旄牛夷发生叛乱。元鼎六年（前111年），汉武帝平西南夷，杀笮侯，以笮都县置沈黎郡，辖青衣江至金沙江两岸共10个县（越巂郡成立后，沈黎郡南6县划归越巂，沈黎郡只辖旄牛、徙、严道、青衣4县）。沈黎郡是省一级行政区划，治地在今汉源、石棉交界的王岗坪（尚存废墟），可以监看大渡河边的汉源、石棉及泸定等地。

后来，沈黎郡被撤并入蜀郡，汉王朝设置西部两都尉，旄牛县为主管徼外夷都尉的驻地。旄牛徼外指大渡河以西地，即今四川甘孜以及滇西地区。撤郡设置都尉，说明对当地从文治改为军事管制。东汉时期，旄牛夷反叛。旄牛县迁治今汉源县九襄镇，属国都尉驻青衣县（治今芦山县城），仅辖严道一线汉人驻地。旧旄牛道从此中断。

灵帝时（133年），改蜀郡属国为汉嘉郡，旄牛县属之。三国时期，旄牛县仍属汉嘉郡，为遥领县。蜀汉建兴三年（225年）春，蜀相诸葛亮南征，因旄牛道中断已百余年，因而取道安上（今屏山县西），由此渡金沙江、越大凉山入越巂。南中平定以后，张嶷任越巂郡太守，优抚旄牛夷，旄牛道才恢复通行。

第五章

寻找南方丝绸之路

1.桥孙水以通邛都

司马相如渡过大渡河中游，进入邛都地界。大渡河中游是分水岭，筰都尚属西夷文化区，邛都已属南夷文化区。

《史记》云"桥孙水以通邛都"，孙水河是安宁河的上源支流，孙水桥应是筰和邛的边界，也就是今汉源和越巂、甘洛的交界处。

孙水河日夜奔流，两侧高山如斧劈刀削，遍山怪石嶙峋、林木稀疏。由于河道在峡谷里猛然收窄，异常湍急的河水，撞击着山体崩落下来的巨大岩石，激起成轮的流沫，令人目眩神摇。远处弥漫着一层薄雾，使得群山显得比实际要高得多。

严道细雨连绵，筰都午后风狂，而邛都明月高悬，这一路上风景殊异，作为文人的司马相如，想必会由景入情，感慨良多。2000多年后的今天，我们也不难想象当时可能的情景：

行路至此，司马相如去国怀乡的念头越来越强烈。夜间刚睡下就进入梦境，一会儿好像在天子身边，一会儿魂魄又来到卓文君的身边，突然惊醒而无所见，只有一弯新月挂在天边。

随行的人都已酣睡——白天赶路无比辛苦。司马相如取出绿绮琴轻抚。

这凄清的夜晚消磨在幽深的山谷，把雅正的琴曲改为变调，想抒发愁思却不能持久，按流利的徵音而转变，琴声幽微而又悠扬，可惜没有知音能够体会他为国许身的高尚情操，司马相如内心感慨激昂！一会儿好像在随天子狩猎，草深林密、道途险峻，连枯枝烂树根都可能会成为灾难，好比有胡越之敌从车下冒起，而羌夷之敌追逐在车后，奔驰在深草荒野之中。

一会儿他又弹起《幽兰》《白雪》，思念独守空房的卓文君，仿佛听到卓文君在和唱："一人在房啊，忧闷无靠；想念情郎啊，心中悲伤。心上人儿啊，为何来迟？天色已晚啊，青春将逝。"

从考古上看，安宁河流域分布有大石墓，其年代大致从公元前8世纪左右开始，一直延续到公元1世纪。其主人是以农业生产为主的民族，发式为椎髻。同时，这些墓葬的器物与夜郎、滇系统的器物颇有相似之处，一般认为属于和滇、夜郎同为百越系统的濮人。邛都濮人居住的今凉山地区在汉代以后逐渐为夷人所占领，濮人中的一部分融入夷人之中。其余的濮人或南迁或融合到彝族先民当中。

《史记·西南夷列传》载："自滇以北君长以十数，邛都最大。"可见活动在这一带的主要是邛都人。需要注意的是，邛都夷属于南夷，不是西夷。

邛都夷是《史记》所载南夷三大族群之一，是椎髻、耕田、有邑聚的农业民族。其主要聚居地为越嶲郡邛都县，中心位置在今四川凉山的西昌平原，农业条件优越。正如《后汉书·南蛮西南夷列传》所载："其土地平原，有稻田。"

"黄帝妻雷祖，生昌意。昌意降处若水""娶蜀山氏女，生颛顼于若水之野"这类传说，反映我们先民的足迹不仅深深地印在黄河流域，而且远远地勒在长江上游若水河畔。

一般认为，若水是雅砻江。雅砻江源于巴颜喀拉山，在攀枝花汇入金沙江。安宁河是雅砻江左岸一条大支流，发源于凉山山原北端的小相岭。

其实，若水更准确地说是雅砻江的支流安宁河，甚至是安宁河的支流孙水。横断山地中西部地区，汉时中原文化尚未进入，仍属史前时期。至少司马相如时代，贡嘎山以西不是汉王朝疆域，孙水或安宁河已是汉王朝最西部。

司马相如通西夷以后，蜀郡西面的土地，正式纳入汉朝版图，西边疆域拓广到沫水、若水。司马相如的两大功绩是"镂灵山""桥孙水"（梁孙原）。如果不架桥，车马过不去孙水，这是通邛置越巂郡的道路。司马相如"桥孙水"，从而使安宁河流域成为汉王朝经略滇、昆明等西南夷地区的桥头堡。过了孙水，便是坦平如砥的安宁河谷，似乎遥不可及且动荡不安的邛人大地，将被揽入汉王朝的怀抱。

2.关沫、若

前面我们已经分析论证沫水就是宝兴河，也可以说是青衣水、大渡水；而关于沫水是大渡河的说法，为现今更多的人所认知，我们不妨再费点笔墨进一步辨析。

我们首先大段摘抄《水经注》。

在"青衣水"条，郦道元明确指出："出青衣县西蒙山，东与沫水合也。"这是说青衣水发源于蒙山，而与沫水汇合。蒙山（古蒙山为罗绳山）与青衣水均在西汉青衣县境内。"县故青衣羌国也。"这是说青衣县过去是青衣羌国所在地。"县有蒙山，青衣水所发。东迳其县，与沫水会于越巂郡之灵关道。"这里说汇于越巂郡灵关道是错误的，因灵关道在蜀郡青衣县，不在相隔甚远的越巂郡。"青衣水又东，邛水注之，水出汉嘉严道邛来山，东至蜀郡临邛县，东入青衣水。"这里的邛水即今荥水，汇入青衣水也很清楚，关键是蜀郡临邛县错误。郦道元明确指出邛水出自汉嘉严道邛来山（邛崃山），却又说邛水东流至临邛（今邛崃），在历史上和现实中都找不到这样一条河流。"至犍为南安县，入于江。"这是青衣水（青衣江）的归宿。

在"沫水"条，郦道元说："沫水出广柔徼外。"古时的广柔在今理县一带，徼外是指理县以西的邛崃山系，大渡河的上源流经今马尔康、金川、丹巴一线。"东南过旄牛县北，又东至越巂灵道县，出蒙山南，灵道县，一名灵关道。"西汉旄牛县治在今石棉县王岗坪，后移汉源县九襄镇。石棉和汉源属于大渡河中游。郦道元所称"灵道县"，自己注解"一名灵关道"，资料显示，一说在今甘洛县东北，北邻大渡河与汉源县相望，东与峨边县、金口河区接壤；一说在今峨边县南大凉山北麓，西汉时属犍为郡南安县。"出蒙山南"，也是错误的，"沫水"（大渡河）跟蒙山隔得太远，有分水岭相阻。

由以上"青衣水"条和"沫水"条可知，郦道元把"灵关道"的位置弄错了。青衣水和郦道元认为的"沫水"（大渡河）相隔邛崃大山，属于两个水系，是不可能汇合后又接纳发源于汉嘉严道邛崃山的邛水的，因为邛水东流，而大渡河水系在邛崃大山的西侧。只有同属于青衣江流域的沫水（宝兴河）与青衣水才会汇合。与青衣水汇合的沫水，在甘洛县东北是不可能的，甘洛与北部汉源、东部金口河隔着大渡河，青衣水无法越过大渡河来相会。峨边县在西汉时属犍为郡南安县，是青衣水同大渡河相交之处，也是这两条河的平生一面，不可能在此后还能接纳邛水。

再看《后汉书》的记载，东汉安帝延光二年（123年）春，旄牛夷叛，攻零关（另一处表述为"寇灵关"），杀长史，益州刺史张乔与西部都尉击破，旄牛夷败而不降，改蜀郡西部两都尉之地为蜀郡属国。很明显，这次旄牛夷所攻击的零关（灵关）不在越巂郡。因为这次平叛由蜀郡西部都尉负责，而不是由越巂郡负责。蜀郡西部两都尉一居旄牛，主徼外夷；一居青衣，主管汉人。后来蜀郡西部都尉改为蜀郡属国都尉，驻青衣县。

奇怪的是，郦道元在继续描述"沫水"（大渡河）时，继续反证沫水不是大渡河："沫水出岷山西，东流过汉嘉郡，南流冲一高山，山上合下开，水迳其间，山，即蒙山也。东北与青衣水合，《华阳国志》曰：二水于汉嘉青衣县东，合为一川，自下亦谓之为青衣水。"

郦道元所引《华阳国志》本来说得很清楚，但他把沫水和大渡河的资料堆砌在一起，反而使人看不明白，从而也误导了后人。至于有人认为，此处蒙山可能是指峨眉山，如果真的是青衣水同大渡河相汇，那么"自下亦谓之为青衣水"就说不通了。因为，在过去，岷江被认为是长江的正源，在犍为郡南安汇合后，大渡河同青衣江都汇入岷江，失去自己的名字，更不会再称为"青衣水"了。

需要说明的是，随着司马相如开通西南夷，汉朝将西边疆界推到了新的沫水、若水，又在那里设置新的边关，把原有的和新辟的道路建成正式官道。

一个合理的解释是，沫水本来是经过灵关之水，因为司马相如"关沫、若"，把原来在沫水的关隘西移至"渍水"，所以沫水之名也就让于"渍水"，同时，青衣江支流大渡水之名也让给"渍水"。到了魏晋南北朝郦道元时期，原来"出广柔徼外"的"渍水"反而不为人知，"沫水"和"大渡河"从此闻名于世，直到如今。

郦道元的错误，根源是误读了《史记》的这

句话："通零关道，桥孙水以通邛都。"考究司马迁的本意，这是两件事，即通灵关道的起点，镂灵山之后，以灵关为起点的道路称为"灵关道"，而到了孙水源头架桥通过，过后即可一路畅通到邛都。

再看"关沫、若，徼牂牁，镂零山，梁孙原"，这是司马相如在《难蜀父老》中自述经略西南夷所做的四件大事。这四件事是独立的，地理位置相隔很远，它们平列，彼此不相从属。这是司马相如的原意。

开凿灵山、通灵关道，是一项十分重要的工程。

"关沫、若，徼牂牁，镂零山，梁孙原"，这是司马相如在《难蜀父老》中所述。"通零关道，桥孙水以通邛都"，这是司马迁在《史记》

中所作的描述。"通灵山道"，这是班固在《汉书》中所作的描述。由于零山与灵山、零关与灵关通用，我们今天统一表述为灵山、灵关。

颜师古在《汉书》"镂灵山"下作注说："镂，谓疏通之以开道也。"《资治通鉴》中所说，汉武帝即位之初"凿山通西南夷道"，应该包括疏通灵山。司马相如自己说的"镂零山"，司马迁"通零关道"，班固"通灵山道"，确定无疑在青衣县。至于越巂灵关道（县），则显然是司马相如开通灵关道后所取的县名，是后来所为。

司马相如开通的这条崭新的路线，从现在宝兴县的灵关开始，往西通往沫水、若水之上。这条新道路在当时就曾经引起议论。

《难蜀父老》里蜀中长老、官吏、乡绅说"恐不能卒业"。这个"业"就是指修筑灵关道

（路）。元朔三年（前126年），朝廷罢西夷时，就停止修建这条道路。由于灵关道史书有记载，所以后世以灵关道称呼这条未完全竣工的道路。

司马相如在沫水设的是灵关，在若水也设了新关隘。《水经注》说："若水出蜀郡旄牛徼外，东南至故关为若水也。"杨守敬注："是若水故有关也。"这个"故关"是司马相如新拓展的边关，即司马相如拓境西至沫水、若水而在若水上设的新边关。向西推至沫水、若水的新边关，其参照物是什么？是老边关。新边关在老边关之西，则老边关自然在沫水、若水的东面。如果以宝兴县内的灵关当之，则东西相应，若合符节。所以司马相如所通灵关道经过的灵关在汉青衣县内，而不在郦道元所谓的灵关县（道）内。

3.南至牂牁为徼

司马相如在《难蜀父老》中概括自己通西南夷四件大事，就包括"徼牂牁"，也就是以牂牁江为边界。

司马相如到了邛都，牂牁自然挨着。直到益州郡从牂牁划出来，才使得牂牁与邛都不再接壤，这是后来的事情。

自唐蒙通夜郎以来，夜郎与汉王朝通使、通邮、通商、置吏通政，但仍不甘臣服。

元鼎五年（前112年），南越反汉，旋即被平，原想去攻打南越的汉八校尉回师诛杀了头兰，夜郎这才彻底归服降汉。

元鼎六年（前111年），西汉王朝在南夷地设牂柯郡。这是司马相如所经路线，为他生前所未见。

同样在元鼎六年，司马迁"奉使西征巴、蜀以南，南略邛、筰、昆明"（《史记·太史公自序》）。

往前追溯，元狩元年（前122年），汉武帝采纳张骞的建议，派出四路使者，寻找通往身毒国的道路。起初，月氏国被匈奴灭了以后，一部分人逃往西域，另建新国，称为"大月氏"，时图报复。当时汉与西域的交通要道掌握在匈奴手中，西域诸国也多接受匈奴的命令。汉武帝想联络大月氏一起攻击匈奴，就派张骞出使西域。张骞经历种种挫折，九死一生，在经过十年俘虏生涯磨难后从匈奴逃回。他报告汉武帝，说在大夏国见到蜀布和邛竹杖，大夏距蜀一万二千里，怎么会有蜀郡出产的布匹和邛崃山出产的竹子？大夏国人告诉他，是商人从东南数千里外的身毒国买回来的。张骞推测，身毒国一定离蜀地不远，如果能打通去身毒国的路线，就不必经过匈奴辖地，而可从蜀郡出发到达西域，这样应该更为安全。这坚定了汉武帝重新开发西南夷的决心，他派四路使者寻找去往身毒国的路线。

四路使者多为司马相如西南行时的副手，他们各行一二千里，北路被阻于氐、筰，南路被阻于嶲、昆明①。西路进入雅砻江流域，遭到"笮人"的阻滞不能前行。其他突破笮人封锁，部分南下进入金沙江、滇西北一带，又遇到昆明人的抵制。到达滇国②后，滇王问汉王朝使者："汉孰与我大？"这和当年夜郎王的问法如出一辙，都是道路不通造成的。

滇王赏赐使者，并派出向导，十几次帮助汉使寻找通往身毒国的道路，但最后都被昆明人等阻滞。

滇国是由众多的部落联盟结合而成的古国。由于铜铁工具的大量使用，水田农业已经很发达，很早就与北方的蜀国有了往来。与滇人有民族同源关系的还有劳浸、靡莫之属。

---

① 文中的昆明多指《史记》中提到的昆明，古夷族，分布于今大理到保山的滇西地区。
② 滇国在今滇池区域，即昆明、晋宁一带。

汉武帝于元封二年（前 109 年），征发巴蜀地区士卒，先征服了濒临滇池的劳浸、靡莫等部落，后大兵临滇，滇王降汉。汉武帝按对待夜郎的办法，一方面以其故地为中心设立了益州郡，一方面又继续封其统治者为滇王。

随后，汉武帝征发罪人，加上巴蜀士卒数万人，前往昆明斩杀拦阻使者的数万人。

汉武帝设立益州郡后，分别划割牂牁、越巂的几个县予以充实，后来征服昆明人一并划归益州郡管辖。

经过一系列的战斗，汉王朝把统治扩展到了滇西，设置了不韦（今保山）、叶榆（今大理）等六县，统属益州郡。

汉王朝在西南夷地区设置郡县。犍为郡治道县（今四川宜宾），越巂郡治邛都县（今四川西昌），牂牁郡治故且兰县（今贵州黄平、贵定诸县间），沈黎郡治所在今四川汉源县，汶山郡治所在今四川茂县，益州郡治滇池县（今云南昆明晋宁区东），武都郡治所在今甘肃西和县。汉王朝通过对西南夷地区设置行政区，使西南夷地区成为统一的多民族国家的西南和西部边疆，使汉朝的疆域与中南半岛相连，意义十分重大。

4.蜀身毒道之博南道

汉王朝先后在西南地区设置了犍为郡、牂牁郡、越巂郡、沈黎郡、汶山郡、武都郡、益州郡等七郡,云南、贵州及广西等地都被纳入了汉王朝的版图。

从成都平原出发,向南经云南、贵州到达东南亚、南亚,并与欧洲相连的古代陆上交通要道,今天我们给它取名"南方丝绸之路",在秦汉时期被称为"身毒道",由于从蜀郡出发,因此又被称为"蜀身毒道"。蜀身毒道由北路的南夷道、西夷道和南路的博南道组成。

由于南夷道起点在僰道（在今宜宾），所以在秦时称"僰道"；因经过石门（在今武德），后世也称之为"石门道"；又因经过朱提（在今昭通），这条路也称"朱提道"。

西夷道就是司马相如所修灵关道，连接旄牛道，从今成都出发经雅安、凉山通达云南大理，在大理与南夷道会合。

博南道的路线则是从今大理西行，经滇越（今腾冲），出德宏抵达缅甸八莫，或从今保山出瑞丽进抵八莫，再从八莫到印度阿萨姆地区。

汉初文化的传播是非常迅速的。一般认为，葡萄是张骞出使西域之后才传入中国的。但司马相如早在《天子游猎赋》中就提及葡萄，这说明葡萄或葡萄种子的传入可能不止西域一个途径，在与蜀地接壤的西南方向，极可能有另一个重要渠道。早期中国与域外文明交流的发达程度，可能远超我们后人的想象。

在青衣羌国地宝兴，就多次出土海贝、饰贝，在蜀身毒道西线的今西昌、盐源、昆明、大理，均有海贝出土。这条道路上民族众多，可能是通过部落间的交换，将蜀布、邛竹杖等辗转南亚、西亚，经身毒国而至大夏国。同时，缅甸、印度等地的琉璃、宝石、水晶、海贝、珍珠、琥珀、翡翠等也辗转来到西南夷和巴蜀二郡。

博南道上的滇越最早见于《史记·大宛列传》，少数民族部落名，其地在今云南西部的龙陵、腾冲一带。

《史记·大宛列传》记载了汉朝使者西出滇国

寻找通往印度的商路，因"昆明""嶲"等部族的阻拦无法继续前行的事。

昆明夷之类的部落没有君长，惯于抢劫偷盗，它们抢掠汉朝使者。使者终究没能通过，但听说了滇国以西千余里的地方有个善骑大象的国度。

《史记·大宛列传》载："然闻其西可千余里有乘象国，名曰滇越，而蜀贾奸出物者或至焉。"滇越即乘象国，是蜀身毒道上的重要口岸。

《史记》中的"乘象国"就是傣族先民在保山盆地建立的部落小国"勐掌"。傣语"勐"为"地方、城邦、国家"，"掌"为"象"，"勐掌"即"象地、象邦、象国"。汉朝使者将"勐掌"说成"乘象国"亦接近其本意。

在言语不通的时代，汉朝与"勐掌"等国的交往需要三译四译才能实现，汉朝根据三译四译而来的语音，将"勐掌"记录为"哀牢"。从此以后，史籍中便不再有"乘象国"的记载。

司马相如最远到达了哪里？

他在《难蜀父老》中说"举苞满"，也就是攻下苞满。然后"结轨还辕"，也就是驾车返回。这说明"苞满"是司马相如最后到达的地区（或接触到的民族）。从史料记载看，在秦汉时才出现的苞满与闽濮，主要分布在今云南的西部与西南部地区。一般认为，以他们为主体发展成了今天云南的南亚语系孟–高棉语族各民族。

司马相如只顾着赶路，连他自己都没有想到，伟大的南方丝绸之路，就这样一寸一寸地在脚下延伸，一页一页地在峻岭深壑中书写，借着喜鹊衔来的桂枝，搭建起通往西南夷的桥梁。

司马相如是否到达昆明[①]，不得而知。司马迁倒是到过昆明，他记载，其社会经济情况是"随畜迁徙，毋常处，毋君长"，以游牧为生，无固定居处，部落之间比较分散，互不相属，社会组织尚未进入部落联盟阶段。

蜀身毒道之博南道，尽管汉武帝孜孜以求，但司马相如临终也没见到。

不过，当卫青收复秦末再度沦陷于匈奴的河套一带后，汉武帝用《诗经·出车》赞美周宣王征伐猃狁"出车彭彭，旂旐中央。天子命我，城彼朔方"的典故，在河套地区设置朔方郡。

后来汉武帝又在河西地区设置武威、酒泉两郡，并从中分出张掖、敦煌两郡。从此，匈奴和氏

---

① 与前同，指昆明部落。

羌隔绝，远遁至瀚海以北。匈奴有一首歌谣专门叹息此事："亡我祁连山，使我六畜不蕃息！失我焉支（燕支）山，使我妇女无颜色！"最后，汉武帝移民七十余万充实朔方边境。从此，汉王朝和西域直接交通，不再需要远涉身毒国了。

到了东汉永平十二年（69年），距离都城七千里的哀牢王归顺汉王朝，朝廷设置哀牢、博南两县，并划出益州郡西部都尉所领六县，合并成立永昌郡。永昌郡地域广阔，包括今天云南的普洱、西双版纳、临沧、德宏。这时才凿通海拔2704米的博南山，并在兰仓水架桥。当地歌谣记载了这段历史："汉德广，开不宾。度博南，越兰津。度兰仓，为它人。"大意是，汉朝恩德广大深远，开发不臣服的边地。翻越高峻的博南山，跨过险要的兰津渡。推进到澜沧江以西，都是为他人作嫁衣。

经过一两百年的统治与经营后，不仅距离较近的哀牢王内附汉王朝，甚至哀牢徼外蛮夷和掸国等也贡献方物，焦侥夷内附。焦侥夷是印度河文明时代的主要居民，后迁移到恒河流域、印度南部和印度东北等地，掸国在今缅甸。由此可见，汉王朝已经与南亚和东南亚建立了密切的联系。

至此，蜀身毒道之博南道全面开通，成为被后人誉为"南方丝绸之路"的西南通道，极大地影响到中国日后的版图。

第六章

非常之功必待非常之人

1.反对派的声音

司马相如这次出使是边安抚西南夷边修筑道路。"通零关道""桥孙水"等工程都需要地方政府承担大量的民力物力财力。本来南夷之事尚未使巴蜀吏民放下顾虑，西夷之事更易引得巴蜀人心不稳。这在司马相如的《难蜀父老》里有真实的反映："相如使时，蜀长老多言通西南夷不为用，唯大臣亦以为然。"

不管是蜀长老还是大臣，这里面都应该有文

翁的影子。等到司马相如完成使命，再次回到成都，蜀中一批年高德劭的老人、官吏、乡绅共27人郑重地来拜访他。这里面恐怕也少不了蜀郡太守文翁。寒暄过后，蜀中父老向司马相如进谏，说天子对夷狄，其原则不过是笼络控制而不断绝联系罢了。而今动用三郡士卒开凿通往夜郎的道路，已有三年，事情还未结束，士卒都已疲劳困顿，百姓也无力负担。现在又接着开拓西夷，百姓之力已经耗尽，恐怕不能完成此事。蜀中父老表示，以损害平民的利益去补助夷狄，让国家所依靠的百姓疲困，而去开发没有用处的西南夷，实在不懂其中的道理。

司马相如在《难蜀父老》中说："盖世必有非常之人，然后有非常之事；有非常之事，然后有非常之功。"司马相如首先赞颂汉武帝是有雄才大略的人。他说，世上一定要有不同寻常的人，然后才会有不同寻常的事；有不同寻常的事，然后才会有不同寻常的功绩。在非常之事的开始阶段，百姓都感到恐惧；然而到它成功时，天下就安定了。贤明的君王登位后，难道只注重细碎的小事，拘泥于旧规陋习和流言俗议，以博取当时人的赞颂吗？

汉武帝是非常之人，司马相如也是非常之人。这句话隐含着司马相如对自己的期许，也反映出汉朝的时代精神。

此时，司马相如已经安抚西夷归来，蜀地父老劝谏司马相如的重点，恐怕不是安抚西夷，而是为安抚西夷动用民力，修筑道路、桥梁等。文翁治水和化蜀取得了实际效果，促进了地方经济社会繁荣发展，这是为蜀地百姓所认可的；而汉武帝对边疆的经营策略主要是以武力征讨为主，背后的动力是实现大一统的政治目标。司马相如虽然坚决贯彻执行汉武帝的政策，并说服了文翁等蜀地父老，但是他同时也吸收了文翁以德化人的思想策略，主张不过分使用兵力征讨，而是推行仁政、德化，移风易俗、循序渐进地实现国家大一统的目标。司马相如面对保守派和蜀地父老乡亲的劝阻与不理解，依然坚持劝谏汉武帝开通西南夷，支持汉廷拓展疆土。开通西南夷体现了司马相如眼界的长远与意志的坚定。

司马相如接着说，远近连为一体，无论是中原还是外族，都享受安福，这不是一件喜事吗？把百姓从困境中拯救出来，推崇最崇高的美德，一反衰亡时期的颓废风气，继承早已中断的周文王、武王事业，这正是天子迫切要完成的事情。

百姓虽然疲劳，又怎么可以停顿下来呢？文翁等听了司马相如的这番话后都感到茫然："百姓虽然有些疲困，请允许我们以身先行。"接着就怀着失意的情绪向后退，辞别之后就离开了。

二十多年后，汉武帝在颁布《求茂材异等诏》时还说："盖有非常之功，必待非常之人。"这几乎就是司马相如《难蜀父老》原话的翻版。这时司马相如已经去世十多年了，汉武帝仍然记着他："其令州郡察吏民有茂材异等可为将相及使绝国者。"大概要建立不平常的功绩，必定要靠不平常的人才，所以命令州郡考察吏民中的人才，特别是出类拔萃可以担任将相和出使远方国家的人。也许"非常之人""非常之功"，是汉武帝和司马相如在心中激荡不已的共同期许、共同追求。

开通西南夷，不仅沟通了汉王朝与西南少数民族，促进了民族大融合，更重要的是解除了西南边患，巩固了汉王朝大一统的局面。司马相如《难蜀父老》《喻巴蜀檄》清楚地揭示了这一时代的特点。汉武帝通西南夷的政策，奠定了日后中国西南的基本版图，也为统一的多民族国家的形成创造了条件。

后人对这项等同于张骞通西域的功绩，也给予很高的评价。比如，有"小太宗"之称的唐宣宗曾提到，司马相如在西南夷所立的法度，到了晚唐时期犹为夜郎、牂牁等西南夷所遵奉。宋代编修历代君王事迹的《册府元龟》，将司马相如及他的副使吕越人等一并载入书中，称赞："至于死亡略尽，星纪屡周，握节而归，不辱王命，非乎心比金石，志在功名者，岂及此哉！"这段话道出了出使绝域的艰辛，是对司马相如这一类使者的精准画像和高度赞美。

可以看出，没有司马相如开通西南夷的活动，就不会有西南夷与汉王朝的快速融合。同时代的人，包括司马迁在内，给予司马相如西南行巨大的肯定。这次西南行让司马相如名垂青史，让司马迁在《史记》中为他留下了显赫的位置。

2.茂陵风雨病相如

蜀地官员父老质疑开通西南夷，朝中反对的声音也不绝于耳，这其中最激烈的是公孙弘。司马相如和公孙弘在开通西南夷这件事上针锋相对。

汉武帝起用公孙弘时，公孙弘已经七十岁了。公孙弘奉命视察西南夷工程，认为西南之地无用，归来后极力反对，但汉武帝没有采纳他的意见。后来，公孙弘当上了御史大夫。当时，汉武帝通西南夷，东置沧海郡，北筑朔方城。公孙弘又屡次劝谏，认为这些举动是为了无用之地而使国家疲敝。

司马迁说，公孙弘为人意忌，外宽内深。那些和他有矛盾的人，公孙弘表面上仍然与他们交好，但暗中想方设法加害。

比如，公孙弘研究《春秋》的水平不如董仲舒，而董仲舒认为公孙弘是专会阿谀奉承的小人。公孙弘非常愤恨，就说服汉武帝任命董仲舒给胶西王做国相。胶西王是汉武帝的哥哥，为人凶狠残暴。公孙弘想借刀杀人，董仲舒后来只好称病辞职。

再比如，曾经受汉武帝器重、一年之中提升四次的主父偃，后来做到中大夫。主父偃因过错被抓，汉武帝赏识他的才干，想免其一死，公孙弘却说，如果不杀主父偃，就无法向天下人交代。

汉武帝只好下令处死了主父偃。

最终，公孙弘当上丞相后，西南夷各项工程全面停工。

司马相如从巴蜀回到长安不久，朝廷就接到地方政府的上书，告发他在开通西南夷时收受重礼。汉武帝于是罢免了司马相如的官职。但仅过了一年多，司马相如又恢复官职为郎，这个职务他已经担任了三次。

从前司马相如在景帝时期，就"以赀为郎，事孝景帝"。这里，"赀"通"资"，在《汉书》里作"訾"。在文景时期，经济迅速发展，政府为了税收需要，经常訾量各家各户的财产。"訾"引申为"所訾量的家产"。"以赀为郎"或"以訾为郎"的意思，就是以家庭财产的多寡为标准选人担任郎官。

"訾选"有身份限制。比如商人、赘婿、触犯过法律的人，不能通过"訾选"入仕。如果被选之人没有一定的家产，却具有文化教养，也可降低家产标准入仕。汉景帝曾经颁诏，"訾选"要家产十万才能为吏，而廉士四万就可以为吏。

　　到了汉武帝时期，由于穷兵黩武，后期甚至出现了卖官鬻爵现象，这与文景时期实行"訾选"的选官制度有天壤之别。从西汉末年扬雄开始，直到后来的刘勰、苏轼等，屡屡批评司马相如"买官"，其实是由于不了解"訾选"的演变。

　　司马相如的官不是买来的，是"訾选"而来的，是用当时国家法定方式获得郎官职务。

　　司马相如第三次担任郎官后，他的俸禄是六百石。郎官属于散员，没有固定独立的职事。

　　司马相如在随从汉武帝打猎时，见他喜欢亲

自驾着车追击野兽，就上奏章规劝："盖明者远见于未萌，而智者避危于无形。祸固多藏于隐微而发于人之所忽者也。"（《史记·司马相如列传》）大意是，有远见的人能预见事故于未发生之前，有智慧的人能在危害没有形成的时候就避开它，灾祸本来就大多藏在隐微之中，而发生在人们疏忽大意的时候。

他还引用民间谚语"家累千金，坐不垂堂"，即累积有千金家财之人，要特别谨慎，不坐在垂堂边，要防止瓦片忽坠致死，以此说明"此言虽小，可以喻大"。

这也是司马相如从前辈贾谊那里学到的经验。贾谊曾说过，一个人若只能看到已经发生的事，而不能看见将要发生的事，必定有灾祸。

应该是察觉了某种危险而勇退？或许想到了

蔺相如的谦让，为了国家而退让？又或许仕途的险难，削弱了功名事业之心？司马相如常称病闲居，很少与公卿大夫交往。晚年任孝文园令，这是管理汉文帝陵园的闲散职务。司马相如本不善言谈，又患糖尿病，后来因病免官，家居茂陵（今陕西兴平东南，汉武帝死后葬此）。

3.文章西汉两司马

司马相如在开通西南夷这件事情上得到的教训很多，他对汉武帝的为人理解非常深刻。汉武帝迷信，好大喜功。他读了司马相如《大人赋》后，"大说，飘飘有凌云之气，似游天地之间意"（《史记·司马相如列传》）。汉武帝始终喜欢司马相如的赋，对司马相如更多是以辞赋家而非政治家看待。

汉武帝是粗暴的。他在位54年，一共用了13

个丞相，可这些丞相得善终者寥寥，大多下场悲惨，包括自杀、斩首、腰斩和死于狱中等。公孙弘是其中少有的能够自保的一位，但当他提出想回故土时，也没有获得准许，最后病死在丞相任上。汉武帝为防止外戚干政，甚至把太子的母亲也杀了。司马相如对汉武帝看得太透——人才必须为他所用，绝不许流落民间。

从司马迁身上也能看出汉武帝的粗暴。李陵战败被匈奴俘虏，司马迁因替李陵讲公道话而被捕入狱，判处死刑。李陵被灭族后，司马迁为撰写《史记》，自请宫刑忍辱苟活。

司马相如不是司马迁，他没有选择直言进谏，引来杀身之祸。

他走的是不同于苏格拉底和屈原的另一条路。

当苏格拉底被关在监狱里时，他的学生柏拉图等试图帮助他逃走，苏格拉底拒绝，选择了饮鸩而死，用死成就了真正的哲学家。屈原坚持美政理想，在楚怀王听信谗言疏远自己后，自沉汨罗江，用死成就了伟大的诗人。

按照肉体原则和生物本能的自然律，逃亡求生是合情合理的。动物只受自然律支配，求生逃亡谈不上道德不道德。只有人才面临着两可性，在自然律和道德律之间做出选择。这是人所特有的处境。

中国文化的传统是"乐而不淫，哀而不伤""发乎情，止乎礼义"，中国文人的传统是"达则兼济天下，穷则独善其身""用之则行，舍之则藏"。司马相如没有选择赴死，而是选择了自保。

司马迁亲见亲历汉武帝的残暴，所以他对司

马相如的急流勇退抱着深切的同情和理解。司马迁给司马相如写传，也给蔺相如作传。从《史记·廉颇蔺相如列传》里，能看到蔺相如智勇双全的形象，描写其血性力透纸背。从《史记·司马相如列传》里，也能看出司马迁对其的用墨之多。司马迁为文学家立传，第一个选中的就是司马相如，"特爱其文赋"，"心折长卿之至"。

司马迁做过司马相如曾做过的郎官，入宫给皇帝当侍从，二人仕途的起点与经历都很相似。尤其难得的是，两人不约而同地，先后作为汉武帝的特使，奉旨出使西南夷。司马迁奉旨西征，对西南夷的复杂地形和民族关系有了深入了解和深刻理解。《史记》不止一次提到司马相如在通西南夷上的表现，这说明司马迁对司马相如所起作用是有充分认识的。

司马迁《史记》中有《匈奴列传》《南越列传》《东越列传》《西南夷列传》《大宛列传》和《朝鲜列传》，记述了东南西北四方的少数民族，这是中国历史上第一次为少数民族立传，这是世界史的正本，至今有些异域的古时情形仍或多或少靠中国而传。司马迁撰述《史记》，坚持自己的理想，其品格、德行、操守形成了一个历史传统，给后代读书人留下了一种光照。司马相如何其幸运，在同一时代，就有最伟大的史学家兼文学家理解并为他作传。

晚年的司马相如对自己的政治生活看得很淡。他觉得他不朽的事业还是文化事业。他的书房堆满了简册和帛卷。

他参与的一项重要政府工作，是负责乐府歌辞的写作。李长之说，在司马迁十六岁的时候，汉武帝开始立乐府，由大文学家司马相如作词，大音乐家李延年制谱。

秦朝中央政府已经专门设立掌管音乐的官府机构，名字叫"乐府"。西汉初期的庙堂宫廷音乐歌舞"大抵皆因秦旧事"。汉武帝时，西域胡乐传入中原，在民间的俚歌俗曲中流行着新的音乐。司马相如等几十位文学家负责歌辞的写作，乐府采集赵、秦、楚各地的歌谣，配上音乐来歌唱及演奏。这些乐章、歌辞后来统称为"乐府诗"或"乐府"。

汉赋是《诗经》与《楚辞》的结合。西汉文章的气韵是从春秋战国而来，所以司马相如的文章、辞赋都有磅礴的气势。司马相如为汉王朝盛世新的风景、新的山川物产，甚至新的字语欢喜礼赞，所以他的赋里新字语、新字形和新字义特别多，我们不要忘记他还是著名的小学家，他的《凡将篇》是汉代最早的一部字学书。

东汉气象不及西汉，在文章上最易看出，《汉书》不及《史记》，张衡和班固的赋亦不及司马相如和扬雄。

在文学发展的历史中，在汉王朝的上升时期，《天子游猎赋》承前启后，有着多方面的开创性贡献，使司马相如成为汉赋作家中成就最大、最有代表性的作家。

左宗棠从文章创作方面把司马迁、司马相如并列为"文章西汉两司马"，鲁迅在《汉文学史纲要》中还专门评述："武帝时文人，赋莫若司马相如，文莫若司马迁。"

司马相如和司马迁是站在时代文学高峰上的巨人。他俩各自从一个方面反映了那个时代，在各自的领域中达到了那个时代的最高水平。

司马相如的赋是汉赋的典范，言语摇曳生姿，言语里风光无限。辞赋文章无法满足人的口腹之欲，但它可以满足一个人寻找安身立命之归宿的需要，满足人的心灵需求。这是无用之用，是为大用。

成都 · 般般之兽白质黑章

司马相如出使西南夷后，邛、筰、冉、駹、斯榆等国的君主都请求归附称臣，汉王朝在这些地区设置一个都尉十个县，归于蜀郡。司马相如于是掉转车辕，起程东来，返回成都，将回长安禀报汉武帝。从"结轶还辕"（《史记·司马相如列传》）看，也许是原路返回，没有走邛都到僰道的路——车马往返致使轨迹交错，车驾返回称"还辕"。

在成都，司马相如写下了《难蜀父老》。

司马相如在文中说，汉王朝之德，上同五帝，下越三王，承受天命的祥瑞，正在通西夷这件事上。现在到处响彻着君车的鸾铃声，风中飘扬着音乐和颂歌，正要举行泰山封禅、祭祀梁父山的大典。

但是司马相如终究没有等到这一天。在生命的最后里程，他留下了《封禅书》，嘱托卓文君有机会交使者转呈汉武帝。在西征路上，司马相如看到了什么祥瑞，直到临终还念念不忘以祥瑞劝谏汉武帝举行封禅大典？

在《封禅书》中，司马相如以周朝和汉朝进行比较，他指出汉朝的功德已超越周朝，周朝能举行封禅，所以汉朝更应举行大典。周朝没有出现什么祥瑞，只把伐纣渡河时白鱼跃入舟中这么一点小事作为祥瑞。汉朝的德惠，则如喷涌的泉水，如云雾布散，各种祥瑞变化应期而至。

在《封禅书》中，司马相如提到了多个具体而微的祥瑞，而第一个就是般般之兽："般般之兽，乐我君囿。白质黑章，其仪可喜。旼（mín）旼睦睦，君子之能。盖闻其声，今观其来。厥涂靡踪，天瑞之征。兹亦于舜，虞氏以兴。"大意是，色彩斑斓的异兽，乐游君王的苑囿。雪白躯体缀黑纹，一副君子之仪态。往日仅闻其声名，而今亲自观其来。察其来路无踪迹，莫非上天降瑞兆？此事唯见舜时有，有虞因此以昌盛。

般般就是斑斑，形容物体的花纹。般般之兽指驺虞，是一种瑞兽，传说其身躯白色而带有黑色斑纹，这与大熊猫极为相似。早在《子虚赋》里，司马相如就提到了"貘"，根据《尔雅》等书的描述，有学者认为"貘"就是大熊猫。驺虞出现在汉武帝的园囿——也许是汉文帝的园囿，总之是汉王朝的园囿里，并不奇怪。

汉文帝对母亲薄太后极为孝顺。薄太后去世时随葬了很多奇珍异宝，其中就有她生前非常喜爱的瑞兽驺虞。汉文帝为人仁慈，是二十四孝之一，也许驺虞的殉葬是薄太后的意思吧？现在考古发掘显示，在薄太后陵墓中出现了大熊猫的下颌骨。

司马相如是蜀郡人，以前在大熊猫生活之地蜀地"闻其声"是很正常的。他临终前写《封禅书》，思绪一定回到了蜀郡，回到了成都，回到了灵关，回到了青衣江和九折坂，回到了西行路上。

灵关、灵山所在地，今属宝兴县。在距今150多年前，法国博物学家戴维在这里科学认证了世界上第一只大熊猫。当地人称之为"黑白熊"——就是"白质黑章"的熊。"旼（mín）旼睦睦，君子之能"，是和蔼、肃静的样子，具备君子的仪态，活画出大熊猫的憨态可掬。司马相如在"镂灵山"的时候，是否听当地人说起，是否亲眼看见这"般般之兽"？

综合《毛诗正义》《说文》等资料，驺虞白虎黑纹，不食生物，是一种义兽、仁兽。郭璞在注解《山海经》时说："邛来山，今在汉嘉严道县，南江水所自出也。山有九折坂，出貊，貊似熊而黑白驳，亦食铜、铁也。"貊即貘也。郭璞在《尔雅》里又说："似熊，小头庳脚，黑白驳，能舐食铜铁及竹骨。"

大熊猫在古代也有"食铁兽"的雅号。邛崃山铜铁矿产开采有数千年历史，大熊猫舐舐裸露地表的矿石，以获取微量元素。一个可能的推论是，汉文帝赏赐邓通严道铜山开矿铸币，大熊猫作为祥瑞之兽被发现，并被邓通带到京城，豢养在皇家园囿，深得薄太后喜爱。

司马相如两次经过严道铜山和九折坂，他有可能亲眼见过这种祥瑞之兽，以至于他回到成都念念不忘，临终还念念不忘。

司马相如所经过的汉代青衣、斯榆、严道、筰都，今皆属雅安。雅安市被誉为"天府之肺""动植物基因库"，全市有超过六千平方公里的面积划入大熊猫国家公园，是涉及大熊猫国家公园的地级行政单位中面积最大、占比最高、山系最全的。

司马相如在灵山之上，在青衣水畔，在九折坂险途中，见到这种瑞兽是不奇怪的。所以在西征回到成都写下《难蜀父老》时，就提到开通西夷正是国家的祥瑞；在临终前，又郑重其事地在《封禅书》中大段地描写了他所亲见的瑞兽驺虞。

这份遗书正中汉武帝下怀，他叫包括司马谈在内的公卿讨论设计封禅典礼。公元前110年，"是岁天子始建汉家之封"。"封"是封泰山，祭告天；"禅"是禅梁父，祭告地。司马迁正好从巴蜀一带回来，亲历亲睹了封禅盛典。此时，司马相如去世已有8年之久。

当司马相如写下"般般之兽"，将其作为《封禅书》第一祥瑞时，他在茂陵风雨的病床上，是否想起了成都、临邛、青衣、冉駹、斯榆、严道、筰都、邛都、僰道、牂牁，是否想起了灵关、蒙山、青衣水、沫水、若水、孙水、邛崃山、九折坂？

青衣水烟波浩渺，九折坂九曲回肠，至今雅雨清风，犹应有人行走在日月山川里回望当年。不是离开了此岸而别有什么永恒的彼岸，正是这些浪花汇成了川流不息的长江大河，汇成了"慕蔺相如之为人"西南行的山河岁月。

何时再回到蜀郡成都？何时再回到青衣江畔？

图书在版编目（CIP）数据

司马相如西南行 / 王军著 . -- 成都 : 成都时代出
版社，2024.9
ISBN 978-7-5464-3391-2

Ⅰ . ①司… Ⅱ . ①王… Ⅲ . ①司马相如（前 179- 前
118）- 传记 Ⅳ . ① K825.6

中国国家版本馆 CIP 数据核字 (2024) 第 024197 号

司马相如西南行
SIMA XIANGRU XINAN XING

王军 / 著

出 品 人　达　海
责任编辑　胡小丽
责任校对　陈　胤
责任印制　黄　鑫　曾译乐
封面设计　编悦文化
内文设计　成都九天众和

出版发行　成都时代出版社
电　　话　（028）86742352（编辑部）
　　　　　（028）86615250（营销发行）
印　　刷　成都博瑞印务有限公司
规　　格　130mm×184mm
印　　张　5.625
字　　数　60 千
版　　次　2024 年 9 月第 1 版
印　　次　2024 年 9 月第 1 次印刷
书　　号　ISBN 978-7-5464-3391-2
定　　价　49.80 元